Henk Hanssen

Baby-Management für Männer

Auch Karrieremachen ist vergänglich.
Irgendwann kommt man dahinter,
dass das Leben aus lauter Phasen besteht.
Was ist für dich das Wesentliche an all diesen Phasen?
Das musst du herausfinden,
dann kannst du ein glücklicher Mensch werden.
Aber du musst den Mut dazu haben.

Jo Hanssen (1925–1994)

Henk Hanssen

Baby-Management für Männer

Aus dem Niederländischen
von Barbara Heller

Knaur

Die niederländische Originalausgabe erschien 2004 unter dem Titel
Baby-management voor mannen bei IkVaderBoeken.nl.

Besuchen Sie uns im Internet:
www.knaur.de

Redaktion: Sabine Wünsch
Umschlaggestaltung: ZERO Werbeagentur, München
Umschlagabbildung: Erik Prinsen.nl
Design und Illustrationen: Erik Prinsen.nl
Satz: Wilhelm Vornehm, München
Druck und Bindung: Offizin Andersen Nexö Leipzig GmbH, Zwenkau
Printed in Germany
ISBN 978-3-426-65508-5

5 4 3 2 1

Der Babymanager

Zehntausende von Jahren hindurch waren die Männer Krieger, Jäger und Ernährer. Sie bestimmten über Frauen und Kinder, allein durch ihre Körperkraft, die auch die Wirtschaft am Laufen hielt. Seit einigen Jahrzehnten aber – ein Wimpernschlag in der Geschichte der Evolution – wird von den Männern verlangt, dass sie ihren Jagdinstinkt bezähmen, ihre Gefühle mitteilen. Der waschechte Macho befindet sich an allen Fronten auf dem Rückzug, in der Familie ebenso wie im Beruf. Ein Manager, der ohne Rücksprache Entscheidungen trifft, stößt auf taube Ohren, ein Vater, der Autorität mit der Faust ausübt, wird ausgelacht.

In der Dienstleistungswirtschaft von heute muss ein Manager nicht nur über männliche, sondern vor allem auch über weibliche Qualitäten verfügen: Er muss das Gefühl sprechen lassen, sich in sein Gegenüber hineinversetzen, auf den Kunden, auf die Öffentlichkeit hören. »The time has come for men on the move to play women's games«, wie der Managementguru Tom Peters sagt. Und er predigt keinen tauben Ohren: Männer stürzen sich mit ungeahntem Elan auf den Erwerb von Soft Skills und besuchen Workshops und Seminare zum Thema persönliche Effizienz, Konfliktmanagement, Gruppendynamik, emotionale Intelligenz, Motivation, Teamentwicklung, Beeinflussungskompetenz, Stressresistenz und vieles andere mehr.

Die effizientesten neuen Managementmethoden aber erlernt man an der Wiege und am Küchentisch. Mit Babymanagement schlagen Sie zwei Fliegen mit einer Klappe: Sie managen Ihre Familie, und Sie entwickeln Fertigkeiten, mit denen Sie in der Welt von heute weiterkommen.

William Pollack, Psychologe in Harvard, drückt es so aus: »Moderne Führungskräfte, ob männlich oder weiblich, brauchen eine kreative Vision, sie brauchen emotionale Flexibilität, selbständige Entscheidungskompetenz und die Fähigkeit, mit Systemen, kreativen Netzwerken und Teams zu arbeiten. In Organisationen, die sich praktisch permanent verändern, müssen sie eine feste Basis schaffen und Erfolge vorweisen. Meine Beratungspraxis und meine Forschungen zeigen, dass Männer diese Fertigkeiten am besten durch Vaterschaft erwerben.«

In diesem Buch spreche ich den Vater als Manager an: die Familie ist Ihr Unternehmen, die Mutter Ihr Produzent, das Baby Ihr Produkt.

Zum Schluss möchte ich Karen van Drongelen und Joke Hammink vom Voedingscentrum (Zentrum für Nahrungsmittel und Ernährung) und Lydia de Raad von den Samenwerkende Borstvoeding Organisaties (den Kooperierenden Stillorganisationen) für ihre Beiträge zum Thema Ernährung danken, Angelique Janssens von ZiN Kraamzorg (Wochenbett-Hauspflege) für ihren kritischen Blick auf die Abschnitte über Babypflege, meinem Bruder Frank Hanssen, von Beruf Finanzplaner, für seine Hinweise zur Finanzplanung des werdenden Vaters, Organisationsberater Peter Schoemaker und meinem Bruder Peter Hanssen für ihre Beiträge zum Thema persönliche Planung, Bernadette Bergsma für ihre Recherchen, Lisette Roskam für das Erstellen des Registers, dem Journalisten Pim Christiaans für seinen redaktionellen Rat, Erik Prinsen für seine wunderbaren Illustrationen, Sabine Wünsch für die behutsame Anpassung des Buches an die deutschen Verhältnisse und, last, not least, meiner Freundin Ingrid van Roosmalen für ihre Geduld und das Konzipieren und Mitentwickeln unserer »Produkte«, Tochter Rosa und Sohn Ijsbrand.

Henk Hanssen

Inhalt

Produkt

1 Produkt

Gratulation

Glückwunsch zum Baby! Das größte Unternehmen Ihres Lebens kann beginnen! Denn egal, wie viele Fusionen, Streiks, Übernahmen und Pleiten Sie überstanden haben – es gibt keine größere Herausforderung als das Konzipieren und (Weiter-)Entwickeln des Produkts Baby. Vielfach simultanes Handeln, effizientes Zeitmanagement, erzählende Präsentationen, Ausgabenkontrolle, Lernprogrammerstellung, Überwindung von Rückschlägen, Entwerfen einer Zukunftsvision – all diese Fertigkeiten, die man normalerweise erst nach einem halben Berufsleben beherrscht, werden Ihnen von Ihrem Baby spielerisch und im Rekordtempo vermittelt. Vorausgesetzt, Sie sind und bleiben engagiert, vom ersten Tag an. Vier Zielpersonen profitieren von Ihrem Engagement:

- **Ihr Kind** Kinder aktiver Väter entwickeln sich von Geburt an in vieler Hinsicht besser als Kinder abwesender Väter: Ihre Motorik ist besser entwickelt, sie ergreifen mehr Initiativen und sind psychisch stabiler. Der positive Einfluss des Vaters wirkt bis in die Adoleszenz fort: Töchter engagierter Väter erzielen bessere Noten in Mathematik, Söhne sind bessere Problemlöser, und beide zeigen mehr Tatkraft und werden weniger leicht drogenabhängig.

- **Ihre Partnerin** Viele Mütter möchten Familie und Beruf unter einen Hut bringen und neigen deshalb dazu, sich zu viel aufzubürden. Wenn Ihre Partnerin einen Teil ihrer »Zuständigkeiten« an Sie delegieren kann, findet sie mehr Ruhe, und das kommt Ihrer Beziehung zugute.

• **Ihr Arbeitgeber** Noch immer sind Arbeits- und Privatleben von Männern für fast alle Unternehmen zwei weit voneinander getrennte Kontinente. Das gerahmte Familienfoto auf dem Schreibtisch steht für Stabilität, kaum jemals für eine Gruppe lieber Menschen, deretwegen der arbeitende Vater auch mal ein Meeting ausfallen lassen muss. Untersuchungen haben jedoch ergeben, dass Väter den Konflikt zwischen beruflichen und privaten Aufgaben genauso erleben wie Mütter. Und es sind keineswegs nur überambitionierte Yuppies, die sich schwer damit tun, hier eine Balance zu finden; Väter aus allen sozioökonomischen Schichten sprechen von der Diskrepanz zwischen ihrer Arbeitszeit und der Zeit, die ihnen für ihre Kinder bleibt. Arbeitgeber sehen sich vor die Herausforderung gestellt, dieses Spannungsfeld sichtbar zu machen und mit einer »väterfreundlicheren« Organisation ihres Unternehmens darauf zu reagieren. Nicht aus philanthropischen, sondern aus nüchternen betriebswirtschaftlichen Erwägungen: Hartnäckiges Ignorieren der Tatsache, dass es auch Männern schwerfallen kann, Job und Privatleben miteinander in Einklang zu bringen, ist schlecht fürs Geschäft. Dieses Ungleichgewicht kann eine Kettenreaktion auslösen: nachlassende Konzentration, Stress, Fehlzeiten und so fort. Menschen, die einem solchen Konflikt ausgesetzt sind, tendieren beispielsweise dreimal so häufig dazu, den Arbeitsplatz zu wechseln. In den USA hat man die Problematik erkannt: Unter dem Motto »Better dads are better workers« haben Unternehmen damit begonnen, »father-friendly workplaces« einzurichten.

• **Sie selbst** Wenn Sie sich engagieren und engagiert bleiben, bietet Ihnen das Vatersein eine einmalige Chance auf persönliche Entwicklung. Geduld, Durchsetzungsvermögen, Loyalität und Verantwortungsbewusstsein sind nur einige der Eigenschaften, in denen Sie sich – manchmal auch unfreiwillig – vervollkommnen werden. Dieses Buch führt Sie Schritt für Schritt durch den gesamten Lernprozess effizienten

Babymanagements. In elf kurzen Kapiteln werden die verschiedenen Aspekte Ihres Produkts ebenso behandelt wie Marketing- und Kommunikationsstrategien, Automatisierungsfragen und die kritischen Erfolgsfaktoren, die den Unterschied zwischen Gewinn und Verlust ausmachen. Viel Spaß – mit dem Buch und mit Ihrem Baby!

1. **Kopf** – weich und nachgiebig
2. **Gehirn**
3. **Haar**
4. **Fontanelle** – eine feste Membran
5. **Augen** – sehen scharf auf 15 – 30 cm Entfernung
6. **Nase** – gut ausgebildeter Geruchssinn
7. **Ohren** – registrieren Geräusche zwischen 16 und 20 000 Hertz
8. **Mund** – kräftiger Beiß- und Saugreflex

9. **Gebiss** – 20 Schneide-, Eck- und Backenzähne, ins Zahnfleisch eingebettet
10. **Hals**
11. **Herz**
12. **Hände** – sehr starker Greifreflex
13. **Haut** – dünn und weich, empfindlich gegen chemische Stoffe
14. **Nabelstumpf** – durchschnittlich 5 cm lang

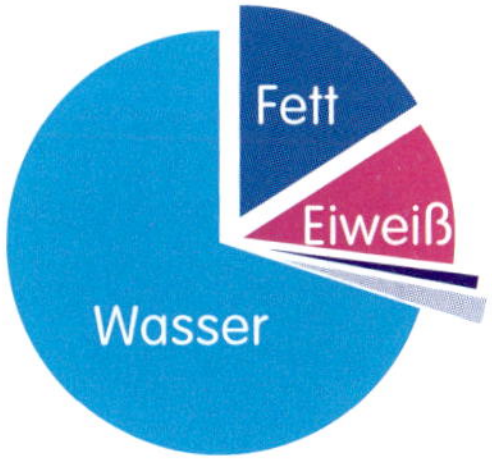

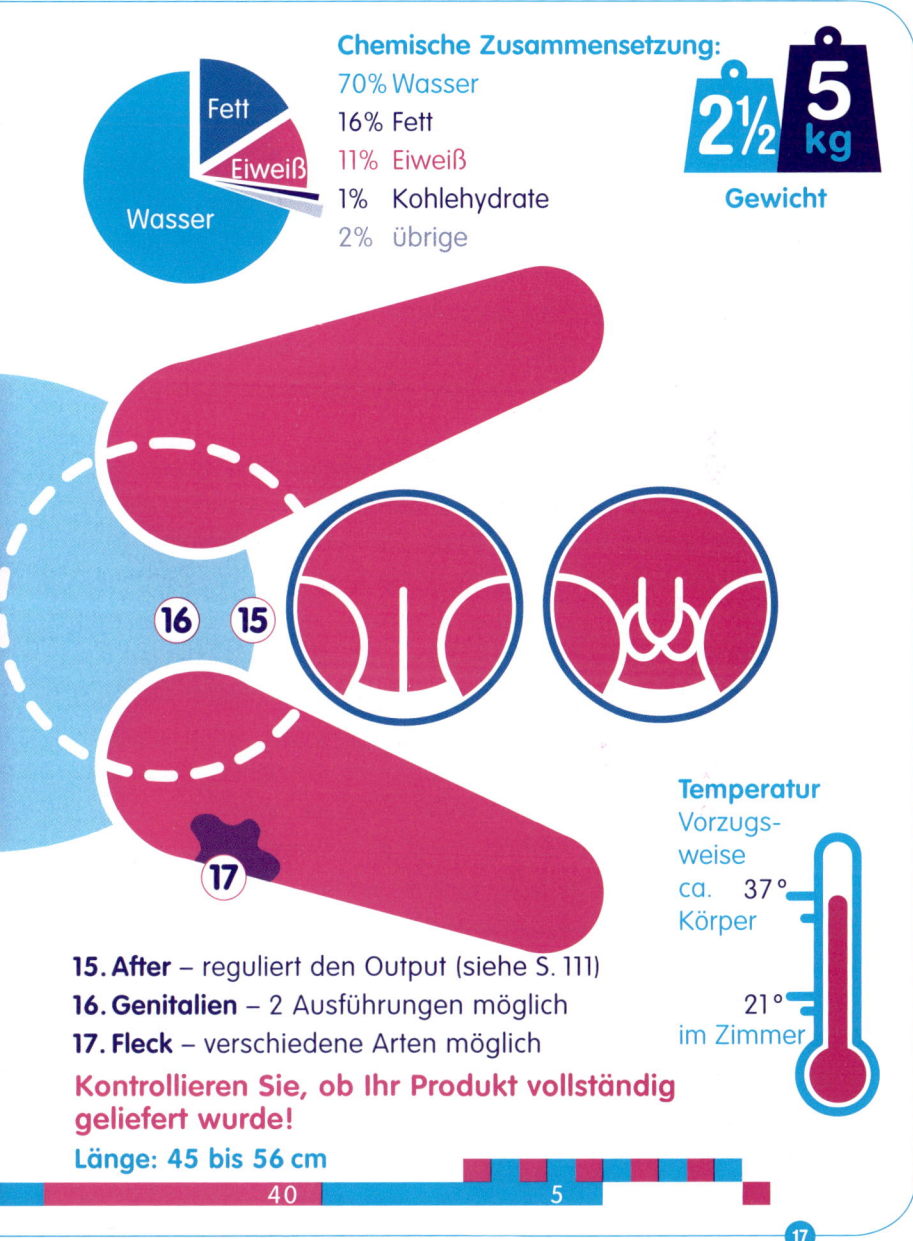

Chemische Zusammensetzung:

70% Wasser
16% Fett
11% Eiweiß
1% Kohlehydrate
2% übrige

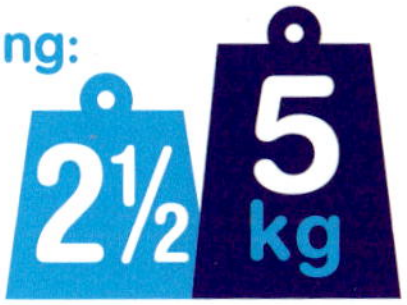

Gewicht

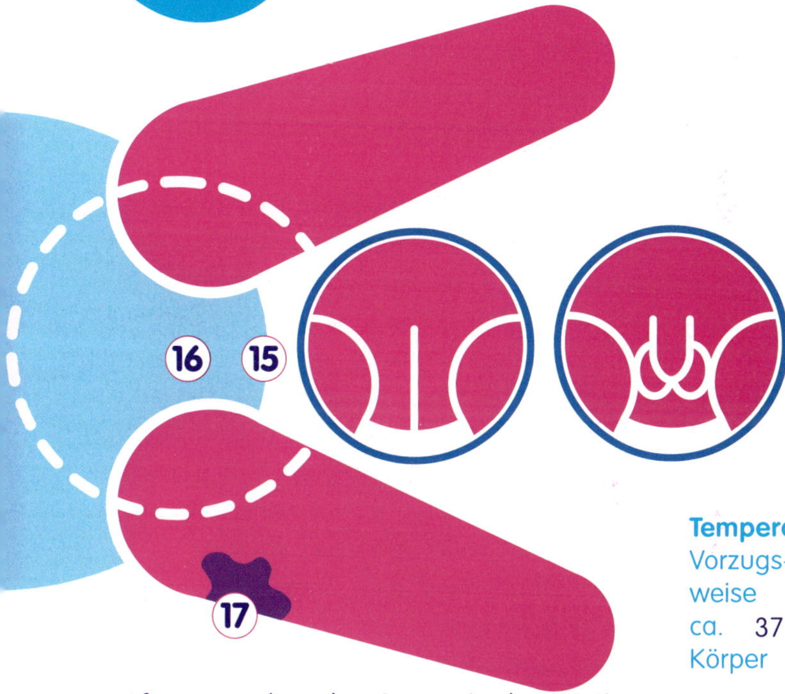

Temperatur
Vorzugsweise
ca. 37° Körper
21° im Zimmer

15. After – reguliert den Output (siehe S. 111)
16. Genitalien – 2 Ausführungen möglich
17. Fleck – verschiedene Arten möglich

Kontrollieren Sie, ob Ihr Produkt vollständig geliefert wurde!

Länge: 45 bis 56 cm

Produktspezifikationen

1. Kopf Groß: ein Viertel der gesamten Körperlänge. Die Form hängt von der Lieferart ab. Lieferung per Saugglocke kann zu einer Verformung führen, die sich jedoch bald zurückbildet.

2. Gehirn Wächst durch Erfahrung: Positive Impulse generieren Stoffe, die neue Verbindungen zwischen den Gehirnzellen schaffen.

3. Haar Nicht standardmäßig im Lieferumfang enthalten. Schultern und Rücken, in Ausnahmefällen der ganze Körper, können von feinem Flaum bedeckt sein, dem Lanugohaar, das nach wenigen Wochen ausfällt.

4. Fontanelle Damit der Kopf des Babys den Geburtskanal passieren kann, wird er vorübergehend zusammengedrückt. Ermöglicht wird das durch eine sinnreiche Konstruktion: Elastische Membranen (Fontanellen) verbinden die Knochenplatten des Schädels miteinander. Am weichsten ist die Membran auf dem Oberkopf. »Fontanelle« bedeutet wörtlich übersetzt »kleine Quelle« – früher glaubte man, aus den Öffnungen könnte Flüssigkeit austreten. In den ersten beiden Monaten wachsen die Fontanellen mit dem Schädel mit, werden also etwas größer. Dann rücken die Schädelknochen immer näher zusammen, und mit der Zeit verschwinden die weichen Stellen.

5. Augen Sind nach der Geburt etwa eine Stunde lang auf das Gesicht der Mutter gerichtet. Reagieren vor allem auf Bewegung. Großformatige Pupillen sollen Aufmerksamkeit erregen. Die Augenfarbe hängt ebenso wie die Hautfarbe von der Menge des Pigments Melanin ab. Kaukasische (weiße) Neugeborene sind fast durchweg mit blauen oder grauen Augen ausgestattet, afrikanische und asiatische dagegen schauen meist mit braunen Augen in die Welt.

6. Nase Urorgan mit der Hauptfunktion des Suchens und Findens der Nahrungsquelle. Unterscheidet nach wenigen Tagen die Muttermilch von der Milch anderer Produzenten.

7. Ohren Unterscheiden Lautstärke und Tonhöhe. Von Tag eins an auf Spracherwerb eingestellt: Reagieren am stärksten auf hohe menschliche Stimmen.

8. Mund Verfügt über Alarmfunktion. Produziert nach vier Wochen Lächeln. Papillen bevorzugen Süßes.

9. Gebiss Mit 0,2-prozentiger Wahrscheinlichkeit verfügt Ihr Produkt bereits bei Lieferung über einen Zahn. Mitglieder dieses exklusiven Clubs waren unter anderem Cäsar und Napoleon.

10. Hals Muskeln sind noch nicht entwickelt.

11. Herz Wiegt 30 Gramm, schlägt 140-mal pro Minute.

12. Hände In den ersten Lebenstagen kann das Baby Ihren Finger fest umklammern, ein Primitivreflex, der schnell an Kraft verliert.

13. Haut Ihr Produkt wird in einer weißlichen Verpackung aus Talg und Hautpartikeln geliefert. Wichtigste Funktion dieser sogenannten Käseschmiere: Sie erleichtert das Passieren des Geburtskanals. Man vermutet auch, dass sie in den ersten Tagen vor Infektionen schützt. Die Verpackung wird heute nicht mehr sofort entfernt, sondern erst, wenn sie eingetrocknet ist.

14. Nabelstumpf Die Nabelschnur ist die Lebensader, über die der Produzent dem Produkt Sauerstoff und Nahrung zuführt. Nach der Geburt pulsiert sie noch etwa fünf Minuten, dann wird sie durchtrennt und abgeklemmt. Der Nabelrest trocknet aus, verfärbt sich schwarz und fällt nach fünf bis zehn Tagen ab.

15. After Ist mit zwei Funktionen ausgestattet: Kanal zur Abfallentsorgung und Einschuböffnung für das Thermometer zur Messung der Temperatur Ihres Produkts.

16. Genitalien Wirken anfangs unverhältnismäßig groß.

17. Fleck Ihr Produkt kann Flecke aufweisen, die in Bedenklichkeit und Umfang variieren. Konsultieren Sie die Hebamme oder den Arzt.

Der Apgar-Wert

In den ersten Minuten nach der Geburt wird die Hebamme oder der Arzt zweimal die Basics Ihres Babys kontrollieren: das erste Mal möglichst kurz nach der Geburt, dann noch einmal fünf Minuten später. Für diesen »Vitalfunktionstest« wird ein Schema verwendet, das 1952 von der amerikanischen Anästhesistin Virginia Apgar entworfen wurde. Für sie war die Geburt »der gefährlichste Moment im Leben eines Menschen«, und sie entwickelte deshalb einen Test, der sofort darüber Auskunft gibt, ob eine Notsituation vorliegt oder nicht. »Apgar« steht heute für *Atmung, Puls* (Herzfrequenz), *Grundtonus* (Körperspannung), *Aussehen* (Hautfarbe) und *Reflexe*. Der Wert, den Ihr Kind erreicht, kann zwischen 0 und 10 liegen, mit einem Maximum von zwei Punkten pro Kriterium. Und so sieht das Apgar-Schema aus:

Kriterium	0 Punkte	1 Punkt	2 Punkte
Atmung	nicht vorhanden	unregelmäßig, langsam	regelmäßig, Baby schreit
Puls	nicht wahrnehmbar	unter 100/min	über 100/min
Grundtonus	sehr schlaff	schlaff	aktiv
Aussehen	blau/blass	Körper rosig, Extremitäten blau	gesamter Körper rosig
Reflexe	nicht vorhanden	Baby zieht Grimassen	Baby niest, schreit kräftig

Ergebnisse

Die Punktzahl gibt an, wie das Baby die Geburt überstanden hat und wie schnell es sich adaptiert. Die Zahlen werden wie folgt interpretiert:

< 2 Punkte

Ihr Baby hat es sehr schwer. Eine Notsituation kann vorliegen, vor allem, wenn der zweite Test erneut eine niedrige Punktzahl ergibt.

3–4 Punkte

Mühsamer Start. Der zweite Test sollte bessere Resultate liefern.

5–6 Punkte

Beim ersten Test kann diese Punktzahl normal sein: Ihr Baby tut sich schwer mit der gewaltigen Veränderung seiner Lebensbedingungen und kann Hilfe in Form von zusätzlichem Sauerstoff benötigen. Ergibt der zweite Test mindestens sieben Punkte, besteht keine Gefahr.

7–8 Punkte

Normaler Wert. Ihrem Baby geht es bestens.

9–10 Punkte

Optimales Ergebnis: Ihr Baby kann es kaum erwarten, sein Leben zu beginnen!

Bei einem eher niedrigen Wert sollten Sie sich nicht gleich Sorgen machen: Die Geburt ist zweifellos der stressige Moment im Leben eines Menschen. Die meisten Kinder, die in dieser Phase Schwierigkeiten haben, erholen sich schnell und ohne negative Folgen.

2 Planung

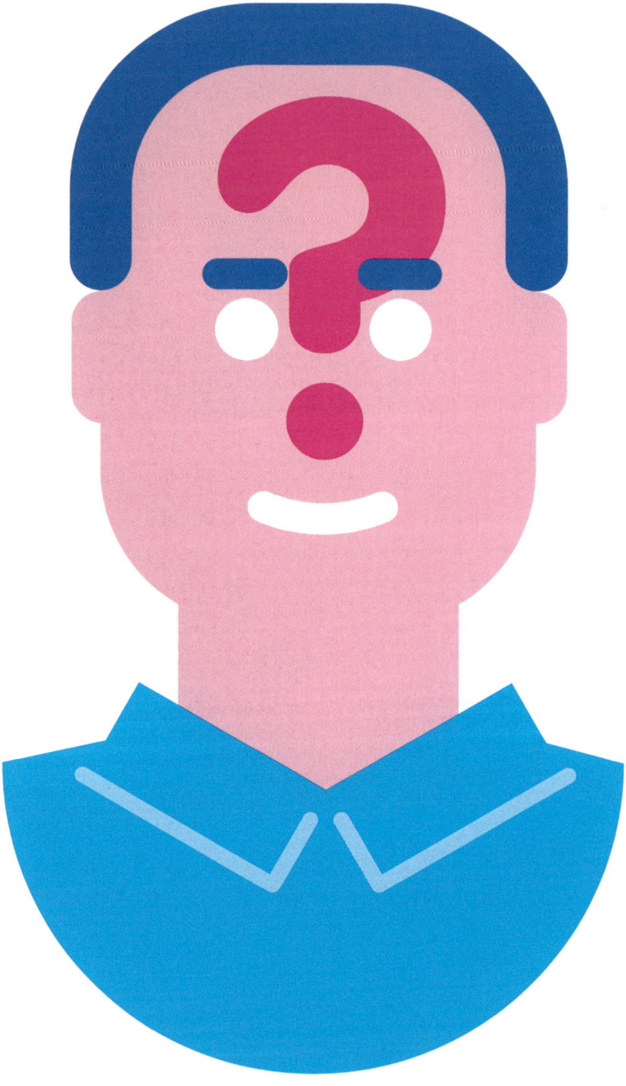

Persönliche Planung

Für fast jeden Managementbereich kann man eine Ausbildung machen, Seminare besuchen oder einem Guru lauschen, nur nicht für das Babymanagement. Dennoch gilt es sich gut vorzubereiten.

Verschwundene Rituale

Vater zu werden ist die größte Veränderung in Ihrem Leben, ein tiefer Einschnitt auf allen Ebenen – emotional, finanziell, körperlich und geistig. Für Frauen ist Veränderung etwas Vertrautes: Ihr Körper kennt den monatlichen Ebbe-Flut-Rhythmus, während der Schwangerschaft schwillt ihr Leib auf ungeahnte Dimensionen an, und in der Menopause machen sie erneut eine Wandlung durch. Bei Männern tritt die Veränderung abrupt ein. Von gelichteter Haarfülle und einem Bauchansatz abgesehen, verfügt ihr Körper über keine Signalfunktionen. Männer folgen ihrem Programm. In einer Gesellschaft, die kaum noch Rituale kennt, werden Veränderungen bei ihnen vor allem durch externe Faktoren ausgelöst, zum Beispiel Heirat, Entlassung, Scheidung, Umzug, Geburt. Oft wird ihnen erst nach einem solchen *life event* klar, was die Veränderung wirklich bedeutet, und sie erschrecken. Klassisches Beispiel: der Vater, der nach der Geburt seines Kindes das Weite sucht.

Persönlicher Vaterschaftsplan

Im folgenden Abschnitt laden wir Sie ein, einen Plan zu erstellen, den Persönlichen Vaterschaftsplan. Wie sind Sie auf die Vaterschaft vorbereitet? Was ist Ihre Motivation, Vater zu werden? Welche Umstände entscheiden über Ihren Erfolg? Wie sehen Sie sich als Vater? Und: Wie werden Sie diese Vision umsetzen?

Die 7 VaterFragen

Halten Sie Bleistift und Papier bereit und nehmen Sie sich Zeit, die folgenden Fragen zu beantworten. Sie sollen Ihnen Klarheit darüber verschaffen, warum Sie Vater werden wollen.

1. Warum wollen Sie Vater werden?
Zufall? Ein wohlüberlegter Entschluss? Der Wunsch Ihrer Partnerin?

....

....

2. Wie soll man sich an Sie als Vater erinnern? In 50 Jahren blicken Ihre Kinder auf Ihren Grabstein. Welche Inschrift haben Sie dafür gewählt?

....

....

3. Welche Eigenschaften Ihres Vaters und Ihrer Mutter möchten Sie an Ihre Kinder weitergeben? Warum? ....

....

....

4. Welche Eigenschaften Ihrer Eltern möchten Sie nicht weitergeben? Warum nicht? ....

....

5. Haben Sie mit Ihrer Partnerin besprochen, wie Sie sich die Betreuung Ihres Kindes teilen werden? ....

....

....

6. Nehmen Sie nach der Geburt Urlaub? Haben Sie diesen Punkt mit Ihrem Arbeitgeber geklärt? ....

....

....

7. Worin sehen Sie die größten persönlichen Probleme Ihrer künftigen Vaterschaft? ....

....

Die 7 Dimensionen effizienter Vaterschaft

Nachdem Sie nun mehr Klarheit über Ihre interne Motivation gewonnen haben, wenden wir uns den externen Faktoren zu. Untersuchungen haben ergeben, dass sieben Dimensionen die Qualität des Vaterseins ausmachen. Im Folgenden wird jede dieser Dimensionen kurz erläutert. Nehmen Sie wieder Papier und Bleistift zur Hand und bewerten Sie jeden Punkt aus dem Blickwinkel Ihrer eigenen Situation mit einer Zahl zwischen 1 und 10. Auf Seite 29 können Sie die potenzielle Qualität Ihrer Vaterschaft ausrechnen.

1. Haltung der Partnerin

Unnötig zu sagen, dass alles bei Ihrer Partnerin beginnt: Das Kind kommt in einer echten Symbiose mit der Mutter zur Welt. Sie hält den Schlüssel zur Vaterschaft in Händen und muss Ihnen gewissermaßen *gestatten*, in die Vaterrolle zu schlüpfen. Wird sie Ihnen Raum geben, oder wird sie die gesamte Betreuung des Kindes für sich allein beanspruchen und Sie mit Kritik überhäufen? Ihre Haltung ist entscheidend. Bewerten Sie, inwieweit sie Ihnen vermutlich ermöglichen wird, Ihre Vaterrolle auszufüllen.

2. Flexible Arbeitszeiten

70 Prozent der Männer tun sich schwer damit, Beruf und Privatleben unter einen Hut zu bringen. Ihre Arbeitszeiten berücksichtigen nicht die Aufgaben, die sie zu Hause erfüllen möchten. Bewerten Sie die Flexibilität Ihrer Arbeitszeiten.

3. Eigener Vater als Vorbild

Die Grundzüge elterlichen Verhaltens sind biologisch vorgegeben, die Einzelheiten werden erlernt. Ihr Auftreten als Vater hängt weitgehend davon ab, wie Sie Ihre eigenen Eltern erlebt haben. Welches Beispiel hat Ihnen Ihr Vater gegeben? Bewerten Sie, inwieweit Sie ihn als Vorbild empfinden.

4. Freizeitgestaltung

Ob es Ihnen gefällt oder nicht: Ihr Kind drängt sich bald wie ein verirrtes Projektil in Ihren Terminkalender. Sind Sie außerhalb der Arbeitszeiten bereits ausgebucht? Bewerten Sie, wie flexibel Sie in Ihrer Freizeitplanung sind.

5. Versorgungskapazität des Umfeldes

Wohnen die angehenden Großeltern um die Ecke? Wie viele Nachbarn oder Freunde mit Kindern haben Sie im Umkreis von einigen Kilometern? Ihre Flexibilität hängt unter anderem von den Betreuungsmöglichkeiten in Ihrer unmittelbaren Umgebung ab. Bewerten Sie deren Qualität und Quantität.

6. Auffassungen zur Babypflege

Windeln wechseln? Kinderwagen schieben? Kommt nicht in Frage? Auch Ihre Ansichten darüber, was männlich ist und was nicht, beeinflussen Ihr Verhalten als Vater. Bewerten Sie, inwieweit Sie der Meinung sind, dass Babypflege ebenso Männer- wie Frauensache ist.

7. Finanzielle Zufriedenheit

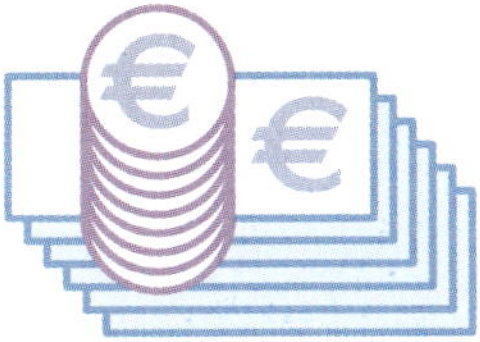

Viele Männer arbeiten nach der Geburt ihres ersten Kindes nicht weniger, sondern *mehr*. Damit folgen sie vermutlich einem Urinstinkt, der sie veranlasst, möglichst viel Feuerholz und Fleisch in die Höhle mit ihrem Nachwuchs zu schleppen. Dieser Instinkt tut auch heute noch seine Wirkung. Kinder großzuziehen ist – zumindest bei uns – ein teurer Spaß. Wie stehen Sie finanziell da? Wenn Sie mit Ihrem Liquiditätsstatus unzufrieden sind und deshalb mehr arbeiten, haben Sie weniger Zeit für die Kids. Bewerten Sie, wie zufrieden Sie mit Ihrer finanziellen Situation sind.

Wie effizient können Sie sein?

Multiplizieren Sie Ihren Durchschnittswert mit 1,43. Das Ergebnis sagt Ihnen, inwieweit externe Faktoren Sie zu effizienter Vaterschaft befähigen.

Dimension	Punktzahl	
1. Haltung der Partnerin	....	
2. Flexible Arbeitszeiten	....	
3. Eigener Vater als Vorbild	....	
4. Freizeitgestaltung	....	
5. Versorgungskapazität des Umfeldes	....	
6. Auffassungen zur Babypflege	....	
7. Finanzielle Zufriedenheit	....	
Gesamtpunktzahl	....	
Ihre Effizienz (Gesamtpunktzahl x 1,43)	....	%

Meine VaterVision

Das Geheimnis jedes erfolgreichen Managers liegt in seiner Fähigkeit, andere von seiner Vision, seinem Mission Statement, seinem Mantra zu überzeugen. Banken gewähren doch noch einen Kredit, Gewerkschaften verzichten auf Lohnforderungen, Aufsichtsräte üben sich noch ein wenig in Geduld: Gut untermauert und werbewirksam vorgetragen, kann eine Vision schier unlösbare Probleme wie Schnee in der Sonne schmelzen lassen. Auch als Babymanager kommen Sie nicht ohne eine Vision aus. Für Sie beginnt nun ein Leben im Team, und jedes Team, sei es auch noch so klein, braucht ein Ziel, um kooperieren zu können. Im Folgenden laden wir Sie ein, Ihre Vaterschaftsvision zu entwickeln.

1. Meine persönlichen Bestrebungen als Vater sind:

....

....

....

....

....

2. Diese Bestrebungen werde ich so umsetzen:

....

....

....

....

....

Ihr Persönlicher Vaterschaftsplan steht. Überprüfen Sie nun, wie Ihre Vision sich zu Ihrer inneren Motivation und den externen Faktoren verhält. Wo liegen Ihre Stärken, und was kann noch verbessert werden?

Rechtliche Planung

Sorgen Sie dafür, dass Ihre Position von Anfang an juristisch fest verankert ist. Dann müssen Sie bei eventuell auftretenden Problemen keine teuren Juristen einschalten.

Was ist elterliche Sorge?

Elterliche Sorge bedeutet, dass Sie gesetzlich verpflichtet sind, für Ihr Kind zu sorgen und es zu erziehen, bis es volljährig ist. Als gesetzlicher Vertreter des Kindes sind Sie außerdem dafür zuständig, sein Vermögen zu verwalten.

Pater familias

Bei den alten Römern war die Sache einfach. Ein – eigenes oder adoptiertes – neugeborenes Kind wurde dem Vater zu Füßen gelegt. Ließ er es liegen, musste das Kind aus dem Haus, nahm er es auf, war es als Mitglied seiner *familia* akzeptiert. Die *familia* war eine feste rechtliche Einheit, in der Disziplin, Unterordnung und Gehorsam herrschten. Der Vater – der *pater familias* – bestimmte über seine Frauen, seine Kinder und Enkelkinder und über die Sklaven. Vaterschaft wurde als eine Funktion verstanden, die mit einem ganzen Bündel fast unbegrenzter Befugnisse – der *patria potestas* – ausgestattet war.

Aufsplitterung

Alle Wege führen nach Rom, nur nicht der Weg moderner Vaterschaft. Die selbst über das Gesetz erhabene Vaterschaft der alten Römer ist im heutigen Familienrecht aufgesplittert. Das Gesetzbuch kennt drei verschiedene Kategorien von Vätern: den biologischen Vater (den Erzeuger), den sozialen Vater (der mit der Mutter und dem Kind zusammenlebt) und den juristischen Vater (der Mann, der zum Zeitpunkt der Geburt des Kindes mit dessen Mutter verheiratet ist). Für

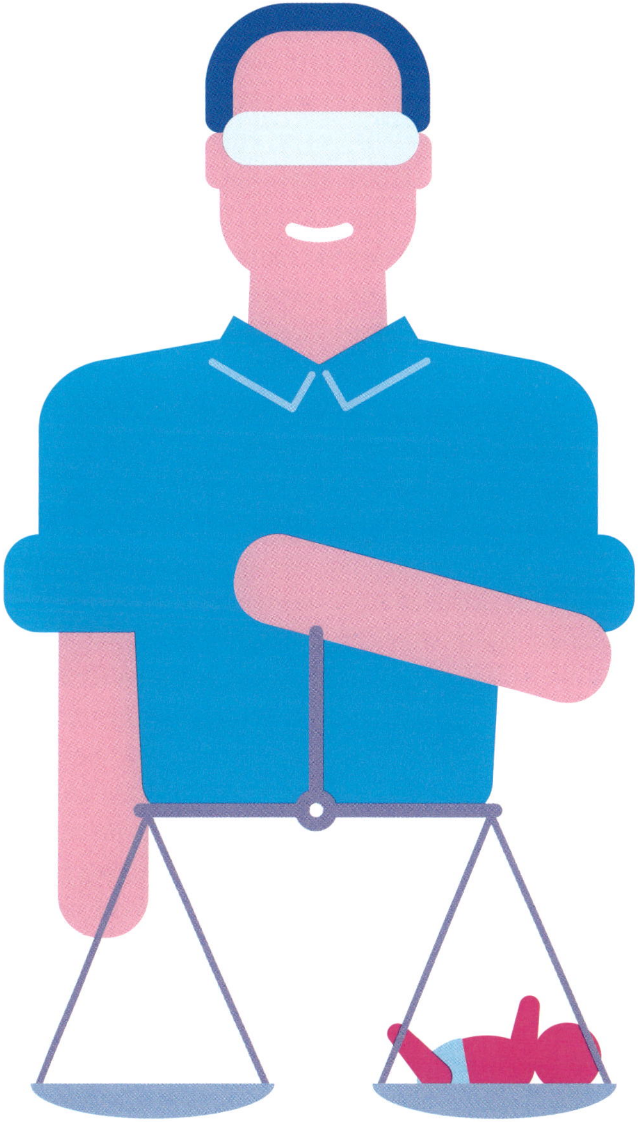

jede dieser Kategorien gelten unterschiedliche Abstammungsbeziehungen, Sorge- und Umgangsrechte sowie Unterhaltspflichten.

Das Sorgerecht

Der Vater von früher ist die Mutter von heute. Eine unverheiratete (und volljährige) Mutter erhält derzeit (dazu gleich noch mehr) automatisch das alleinige Sorgerecht für ihr Kind. Nichtsdestotrotz müssen Sie für den Unterhalt eines gemeinsamen Kindes aufkommen. Ist die Mutter verheiratet, haben die Eltern das gemeinsame Sorgerecht.

Seit einigen Jahren bleibt es nach einer Scheidung im Allgemeinen beim gemeinsamen Sorgerecht. Dies gilt auch für den Fall einer Trennung nicht verheirateter Eltern, die bei der Geburt des Kindes ein gemeinsames Sorgerecht beantragt hatten. Will ein Elternteil das alleinige Sorgerecht, muss er dies beim Familiengericht beantragen. Stimmt der andere Elternteil dem alleinigen Sorgerecht nicht zu, entscheidet das Familiengericht auf der Basis des »Kindeswohls«, das heißt es prüft, ob das alleinige Sorgerecht wirklich die beste Lösung für das Kind ist.

Trotz gemeinsamen Sorgerechts wird die Sorge für das Kind nach einer Scheidung/Trennung meistens von der Mutter übernommen – aus dem einfachen Grund, dass es in deren Haushalt lebt (in 90 Prozent der Fälle). Die Zustimmung des Ex-Mannes zu Entscheidungen, die das gemeinsame Kind betreffen, muss die Mutter nur in wichtigen Bereichen einholen, zum Beispiel bei einem Schulwechsel, der Wahl der Berufsausbildung oder bei schwerwiegenden gesundheitlichen Fragen.

Das Umgangsrecht

Mit dem Kindschaftsrechtsreformgesetz von 1998 wurde in Deutschland nicht nur das Sorge-, sondern auch das Umgangsrecht geändert. Das Gesetz macht deutlich, dass der Umgang vor allem ein Recht des

Kindes ist: »Das Kind hat das Recht auf Umgang mit jedem Elternteil; jeder Elternteil ist zum Umgang mit dem Kind verpflichtet und berechtigt.« Über den Umfang und die Ausübung des Umgangsrechts kann, sofern sich die Eltern nicht einigen, das Familiengericht entscheiden.

Auffallend ist, dass in der Neufassung des Gesetzes die Pflicht der Eltern zum Umgang mit dem Kind vor dem Recht genannt wird. Außerdem haben die Eltern laut Gesetz »alles zu unterlassen, was das Verhältnis des Kindes zum jeweils anderen Elternteil beeinträchtigt oder die Erziehung erschwert«.

Wie allerdings das Recht des Kindes auf Umgang mit dem anderen Elternteil durchgesetzt werden soll, wenn dieser sich seiner Pflicht zum Umgang entzieht, ist bis heute nicht geklärt.

Tatsache ist, dass sich der Kontakt zwischen dem Vater und den bei der Mutter lebenden Kindern in Frequenz und Qualität rasch abschwächt: Einige Jahre nach Trennung der Eltern haben nur noch gut 50 Prozent der Kinder häufig Kontakt zum Vater, knapp 20 Prozent weniger häufig bis selten und etwa 30 Prozent überhaupt nie. Es gibt zwar zahlreiche Mütter, die den Kontakt zwischen Vater und Kind bewusst einschränken möchten, viele Väter und nicht wenige Mütter sind mit diesem Ungleichgewicht aber alles andere als zufrieden. Väter, die vor der Scheidung einen relativ großen Anteil an der Erziehung hatten und/oder deren Partnerin progressive Auffassungen vertritt, kümmern sich auch nach der Scheidung mehr um ihre Kinder.

Mit einem Wort: In der Theorie haben nach einer Scheidung beide Eltern das gleiche Recht auf Fortsetzung der elterlichen Sorge, in der widerspenstigen Praxis aber sitzt die Mutter am längeren Hebel.

Wie bekommen Sie das Sorgerecht?

Dadurch, dass Sie der biologische Vater sind, erlangen Sie nicht automatisch das Sorgerecht für Ihr Kind.

Sie sind verheiratet

Wenn Sie verheiratet sind, haben Sie es leicht: Dann bekommen Sie automatisch das Sorgerecht für das gemeinsame Kind.

Sie sind nicht verheiratet

Wenn Sie nicht verheiratet sind, allein leben oder sich lediglich mit Ihrer Partnerin die Wohnung teilen, steht das alleinige Sorgerecht nach derzeit geltendem Recht zunächst allein der Mutter zu – es sei denn, Sie und Ihre Partnerin geben vor dem Jugendamt (kostenlos) oder einem Notar (kostenpflichtig) eine gemeinsame Sorgerechtserklärung ab. Das »gemeinsam« bezieht sich auf das Sorgerecht, die Erklärung an sich können Sie nämlich sowohl gemeinsam als auch jeder einzeln verfassen. Weigert sich Ihre Partnerin, eine solche Erklärung abzugeben, können Sie beim Familiengericht einen Antrag auf gemeinsames Sorgerecht stellen. Befindet das Familiengericht, dass es dem Kindeswohl entspricht, wird es das gemeinsame Sorgerecht festlegen. Das läuft also ähnlich wie bei einem Antrag auf alleiniges Sorgerecht.

Wird die gemeinsame Sorgerechtserklärung vor der Geburt abgegeben, können Sie und Ihre Partnerin innerhalb eines Monats nach der Geburt des Kindes entscheiden, ob es Ihren Namen oder den Ihrer Partnerin als Familiennamen tragen soll. Geben Sie die gemeinsame Sorgerechtserklärung erst nach der Geburt ab, erhält das Kind automatisch den Familiennamen Ihrer Partnerin. Allerdings kann in einem solchen Fall der Familienname des Kindes unter bestimmten Voraussetzungen später noch geändert werden.

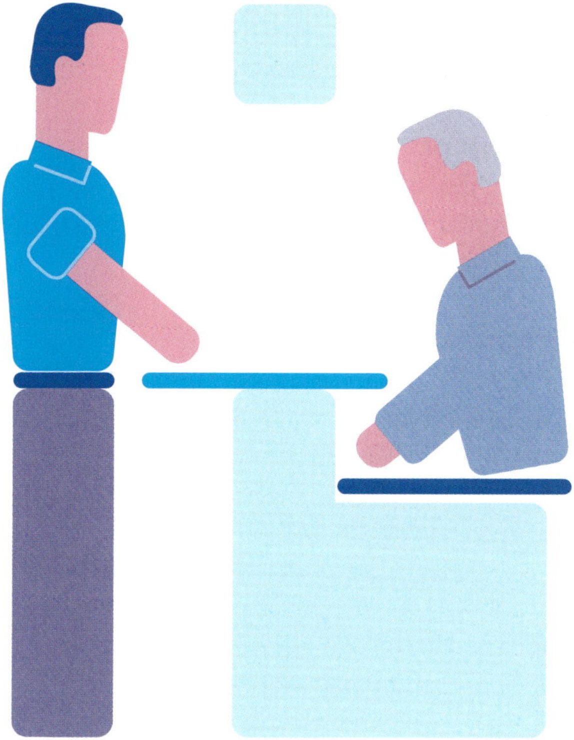

Für eine gemeinsame Sorgerechtserklärung gibt es kein spezielles Formular und keinen förmlichen Antrag. Ein selbst verfasstes Schreiben genügt, Hauptsache, es ist vom Jugendamt oder einem Notar beurkundet. Zur Beurkundung brauchen Sie

- Ihren Personalausweis oder Reisepass und
- die Geburtsurkunde des Kindes mit Eintragung des Vaters oder beglaubigte Abschriften der Vaterschaftsanerkennung sowie der Zustimmungserklärung Ihrer Partnerin. (Eine Vaterschaftsanerkennung können Sie sich beim Standesamt, beim Jugendamt, beim Amtsgericht oder einem Notar beurkunden lassen.)

Geburtsanzeige und Geburtsurkunde

Die formelle Beziehung zu Ihrem Kind beginnt, wenn Sie nach der Geburt beim Standesamt die Geburtsurkunde ausstellen lassen. Diese Urkunde verleiht der Geburt einer Person juristische Beweiskraft. Dabei gelten folgende Faustregeln:

- Die Geburt muss innerhalb einer Woche beim Standesamt der Gemeinde, in der das Kind geboren ist, angezeigt werden. Ohne eine solche Anzeige kann keine Geburtsurkunde ausgestellt werden.
- Wird ein Kind zu Hause geboren, muss die mündliche, also persönlich vorgebrachte Anzeige ein sorgeberechtigter Elternteil erledigen. Sind die Eltern verhindert, ist jemand, der bei der Geburt anwesend war (zum Beispiel die Hebamme) oder davon erfahren hat, in der Pflicht. Fand die Geburt in einem Krankenhaus oder einer anderen Einrichtung statt, die Geburtshilfe leistet, ist der Träger dieser Einrichtung zur schriftlichen Anzeige verpflichtet.
- Auf dem Standesamt müssen Sie sich ausweisen. Nehmen Sie deshalb Pass oder Personalausweis mit. Außerdem benötigen Sie einen Ausweis Ihrer Partnerin und eine Vollmacht.
- Welche weiteren Urkunden Sie für die Geburtsurkunde benötigen, hängt davon ab, ob Sie mit der Kindesmutter verheiratet sind oder nicht und ob einer von Ihnen oder beide eine andere als die deutsche Staatsbürgerschaft haben:
  - Sind Sie miteinander verheiratet und beide deutsche Staatsbürger, brauchen Sie die Heiratsurkunde oder eine beglaubigte Kopie davon.
  - Sind Sie nicht miteinander verheiratet und beide deutsche Staatsbürger, müssen Sie eine Abstammungs- oder Geburtsurkunde Ihrer Partnerin und gegebenenfalls Ihre eigene Abstammungs- oder Geburtsurkunde, einen Nachweis über die Vaterschaftsanerkennung und die Sorgerechtserklärung vorlegen.

  - In allen anderen Fällen (ein oder beide Elternteile sind Ausländer, Spätaussiedler, Asylbewerber, Geburt wurde nicht angezeigt etc.) erkundigen Sie sich bitte beim zuständigen Standesamt, welche Urkunden Sie vorlegen müssen.
- Zu den Bestimmungen zur Namensgebung siehe S. 134.

Ein ehelich geborenes Kind erhält die deutsche Staatsbürgerschaft, wenn zumindest ein Elternteil die deutsche Staatsangehörigkeit besitzt. Ein nichtehelich geborenes Kind erwirbt in der Regel die Staatsangehörigkeit der Mutter. Es kann aber auch die deutsche Staatsangehörigkeit des nichtehelichen Vaters bekommen, wenn eine gesetzlich wirksame Feststellung beziehungsweise Anerkennung der Vaterschaft vorliegt oder zumindest eingeleitet wurde.

Mehr Info: Unter www.familien-wegweiser.de des Bundesministeriums für Familie, Senioren, Frauen und Jugend finden Sie im Stichwortverzeichnis weitere Informationen zu Sorge- und Umgangsrecht, Geburtenanzeige und Geburtsurkunden.

Planung am Arbeitsplatz

Babymanagement kann anspruchsvoller sein als so mancher Managerposten, und doch müssen Sie in Ihrer Freizeit damit klarkommen. Die Balance zwischen Job und Privatleben zu finden ist eine der größten Herausforderungen, vor die Sie sich gestellt sehen.

Väter von heute

Seit einigen Jahren gibt es Kurse und Workshops für (angehende) Väter, so zum Beispiel in den Väterzentren in Berlin und Hamburg. Nein, die Teilnehmer tragen nicht alle Birkenstocks. Es sind Unternehmer, Marketingmanager und Selbständige darunter, die sich mit dem potenziellen Konflikt zwischen den beiden wichtigsten Anliegen in ihrem Leben befassen möchten: sich um die Familie kümmern und im Beruf erfolgreich sein. Die Frage, wie sich Arbeit und Privatleben in Einklang bringen lassen, wird in jedem dieser Workshops zum Hauptthema. Für die Teilnehmer ist die Rolle des Ernährers zwar nach wie vor wesentlicher Bestandteil ihrer Identität als Mann und Vater, aber wie so viele Väter von heute wollen sie mehr als nur finanzielle Verantwortung: Sie wollen eine aktive Beziehung zu ihren Kindern.

Konfliktgleichheit

Auf die Frage, was ihnen im Leben wichtiger ist, Kind oder Karriere, antworten immer mehr Männer: die Kids. Viele Väter berichten aber auch, dass sie zu wenig Zeit für ihre Kinder haben. Diverse Untersuchungen zeigen, dass Männer und Frauen den Konflikt zwischen Beruf und Privatleben gleich stark empfinden. Und das betrifft nicht nur großstädtische Doppelverdiener. Väter aus allen sozioökonomischen Schichten geben an, dass die Kinder in ihrem Zeitbudget das Schlusslicht bilden. Ob ihre Frauen in Vollzeit, in Teilzeit oder gar nicht arbeiten, hat damit nichts zu tun. Auch viele Männer aus traditionellen

Familien – in denen die Frau nicht berufstätig ist – empfinden »eine gewisse Spannung zwischen beruflichen und privaten Aufgaben« oder sprechen gar von »starker Spannung«.

Work-Life-Balancing

Schwierigkeiten beim Vereinbaren von Familie und Beruf sind ein Stressfaktor ersten Ranges. Sorgen wegen eines kranken Kindes, das nicht adäquat betreut werden kann, oder Schuldgefühle, weil Sie Ihrem Kind zu wenig Zeit widmen, können dazu führen, dass Ihre Konzentration nachlässt oder dass Sie körperliche oder psychische Beschwerden entwickeln, die sich negativ auf Ihre berufliche Leis-

tungsfähigkeit auswirken. Wer unter solchen Konflikten leidet, wechselt dreimal so häufig den Arbeitsplatz.
Die Wichtigkeit von Work-Life-Balancing ist in Staat und Wirtschaft heute weithin anerkannt. Die Maßnahmen, die hier ergriffen werden, beziehen sich jedoch entweder auf alle Arbeitnehmer oder speziell auf Frauen. Von Männern wird erwartet, dass sie die Vaterschaft dem Beruf unterordnen, von Frauen, dass sie den Beruf der Mutterschaft unterordnen. Bei vielen Frauen ist der Mutterschaftsurlaub der Einstieg in die Teilzeit – nicht zuletzt deshalb, weil die Männer ihren Zeitkonflikt totschweigen oder verschleiern.

Väterfreundliche Maßnahmen

Allmählich beginnt die Idee des *Better dads are better workers* im privaten wie im öffentlichen Sektor Wurzeln zu schlagen. Die Stadtverwaltung Aachen gibt Männern bei der Geburt eines Kindes nicht nur ein oder zwei, sondern zehn Tage Sonderurlaub, und beim Energieversorger E.ON unterstützt man Mutter- und Vaterschaft unter anderem mit flexiblen Arbeitszeiten, Sabbaticals und einem Geburtenzuschuss und hilft gegebenenfalls bei der Suche nach Haushaltshelfern. Untersuchungen zufolge machen sich Investitionen in *father friendliness* durch Einsparungen bei Krankenversicherungsbeiträgen, Werbungs- und Selektionskosten sowie durch einen Produktivitätszuwachs bezahlt. Aber was ist ein väterfreundliches Unternehmen?

Ein unsichtbares Dilemma

Ein väterfreundliches Unternehmen ist eines, in dem alle, vom Topmanagement bis hinunter zu den Mitarbeitern in der Poststelle, der festen Überzeugung sind, dass es gut fürs Geschäft ist, wenn es Männern ermöglicht wird, aktive Väter zu sein. Die Einführung väterfreundlicher Maßnahmen beginnt damit, dass das »unsichtbare Dilemma« sichtbar gemacht wird: Mit einer (anonymen) Umfrage unter allen männlichen

Mitarbeitern – oder einer repräsentativen Stichprobe – wird ermittelt, inwieweit sie Spannungen zwischen Beruf und Familie empfinden. Auf der Grundlage des Ergebnisses wird ein Maßnahmenpaket geschnürt, das aus folgenden Elementen bestehen kann:

- **Flexibilisierung der Arbeitszeiten** – Die Beschäftigten arbeiten nicht weniger, können sich ihre Arbeitszeiten aber freier einteilen.
- **»Väterfreundliche« interne Kommunikation** – Wird eine Ausdrucksweise verwendet, die auch Väter anspricht?
- **Engagement der Firmenleitung** – in Wort und Tat
- **Väterfreundliche Kinderbetreuung** – Werden Väter bei Aufnahmegesprächen, Elternabenden und Briefanreden mit einbezogen?
- **Umfangreicher (betriebsspezifischer) Informationsaustausch** über Vaterschaft im Intranet – nicht nur unter jungen Vätern, sondern zum Beispiel auch unter Vätern, die vor einer Scheidung stehen
- **Förderung schulischer Mitarbeit**
- **Freistellungsregelungen** – nicht nur bei der Geburt, sondern beispielsweise auch bei Krankheit eines Kindes
- **Bezahlter Erziehungsurlaub**
- **Sparplan zur Ausbildungsfinanzierung**
- **Workshops und Seminare**

Ein ferner Traum? Es gibt sogar Betriebe, die Väter über die Vorteile des Stillens aufklären. Der Grund? Gestillte Kinder sind seltener krank, ihre Eltern müssen sich also seltener frei nehmen.

Ihre Rolle

Wie machen Sie Ihre Organisation väterfreundlich? Als Selbständiger haben Sie es relativ leicht. Arbeiten Sie aber in einem Unternehmen, müssen Sie Ihren Chef überzeugen. Ein Beispiel: Eastman Kodak, der amerikanische Fotogigant aus Rochester, ist heute tonangebend in Sachen Work-Life-Balancing, nicht zuletzt dank der Initiative von zwölf

Eltern, die 1991 einen Brief an alle Mitarbeiter schickten. Innerhalb kürzester Zeit erhielten sie Tausende von Antworten, die zur Gründung der *Working Parents League* führten, einem Zusammenschluss, der die Interessen von Arbeitnehmern mit Kindern vertritt.

Flexible Arbeitszeiten beantragen

Sie möchten Ihre Arbeitszeiten flexibler gestalten. Wie überzeugen Sie Ihren Chef?

- Stellen Sie Ihr Ziel nicht als eine Vergünstigung dar, sondern als eine sachliche Regelung, von der beide Seiten profitieren.
- Sprechen Sie vorher mit Kollegen darüber und sichern Sie sich ihre Unterstützung.
- Machen Sie Ihre Tätigkeiten oder Ergebnisse messbar und zeigen Sie auf, wie Unterschiede in Ihren Leistungen überprüft werden können.
- Stellen Sie Ihr berufliches Engagement nicht zur Diskussion, und lassen Sie auch nicht zu, dass Ihr Chef es tut.
- Schlagen Sie eine Probezeit vor.

Gemäß dem Teilzeit- und Befristungsgesetz haben Sie ein Recht darauf, unter bestimmten Umständen weniger zu arbeiten. Dieses Recht kann durch einen Tarifvertrag abgeschwächt oder verstärkt werden. Bereiten Sie Ihren Antrag auf flexible(re) Arbeitszeiten sorgfältig vor. Erstellen Sie ein Dokument nach folgendem Muster:

Vorschlag für flexible Arbeitszeiten (Entwurf)

Name: ....

Datum: ....

Funktion: ....

Abteilung: ....

Beantragt: ☐ Teilzeit ☐ 4 x 9 h/Woche

☐ Telearbeit ☐ Andere, d. h. ....

Grund: ....

....

Ab dem: ....

Vorschlag zur Neueinteilung:

Bisherige Arbeitswoche: Insgesamt ...... Stunden

So: ..... Mo: ..... Di: ..... Mi: ..... Do: ..... Fr: ..... Sa: ..... Stunden

Neue Arbeitswoche: Insgesamt ..... Stunden

So: ..... Mo: ..... Di: ..... Mi: ..... Do: ..... Fr: ..... Sa: ..... Stunden

Meine neuen Arbeitszeiten wirken sich aus wie folgt für:

- Kollegen/Teammitglieder: ....
  Mögliche Lösung: ....
- Kunden: ....
  Mögliche Lösung: ....
- Sonstige, z. B.: ....
  Mögliche Lösung: ....

Meine neuen Arbeitszeiten erzeugen folgende Einsparungen:

Reise- und Aufenthaltskosten: ....

Sonstige, zum Beispiel: ....

....

Meine neuen Arbeitszeiten erzeugen folgende Zusatzkosten:

....

Die Ergebnisse meiner neuen Arbeitszeiten werden wie folgt gemessen: ....

Ich schlage eine Evaluation nach Ablauf von .... vor.

Gesetzliche Urlaubsregelungen

Zwar existiert ein Bundesurlaubsgesetz, doch für die meisten Urlaube rund um eine Geburt gibt es gesonderte Paragraphen. Verschiedene Unternehmen haben zudem ergänzende Regelungen vereinbart, die Sie in Ihrem Tarifvertrag nachlesen oder im Personalbüro erfragen können. Sie haben – fast immer – Anspruch auf:

Sonderurlaub

Gemäß § 616 (»Vorübergehende Verhinderung«) des Bürgerlichen Gesetzbuches ist Ihr Arbeitgeber – unabhängig von der Art Ihres Arbeitsvertrags – verpflichtet, Sie im Falle besonderer, in Ihrer Person liegender Umstände von der Arbeitspflicht freizustellen. Zwar benennt das Gesetz die Umstände nicht konkret, allgemein anerkannt ist aber – neben anderen Gründen –, wenn Sie bei der Geburt Ihres Kindes dabei sein wollen. Nach einer Geburt haben Sie im Regelfall Anspruch auf mindestens einen Tag Sonderurlaub.

Mutterschutz für Ihre Partnerin

Als Arbeitnehmerin hat Ihre Partnerin Anspruch auf mindestens 14 Wochen bezahlten Mutterschaftsurlaub, aufgeteilt auf sechs Wochen vor und acht Wochen nach der Entbindung. Nach der zwölften Schwangerschaftswoche – aber je eher, desto besser – muss sie die Schwangerschaft ihrem Arbeitgeber melden und ein entsprechendes ärztliches Attest vorlegen. Während des Mutterschutzurlaubs besteht ein Beschäftigungsverbot, das nur für die sechs Wochen vor der Geburt und nur auf ausdrücklichen Wunsch der werdenden Mutter ausgehebelt werden kann. Bei Früh- oder Mehrlingsgeburten verlängert sich das Beschäftigungsverbot nach der Entbindung auf bis zu zwölf Wochen.

Als Selbständige hat Ihre Partnerin bis dato keinen Anspruch auf Mutterschaftsurlaub. Zwar schreibt eine neue EU-Richtlinie vom August 2010 einen Anspruch auf Mutterschaftsurlaub für Selbständige und für mitarbeitende Partnerinnen selbständig Erwerbstätiger fest, doch die EU-Staaten haben noch bis 2012 Zeit, diese Richtlinie in nationales Recht umzusetzen. Bei besonderen Schwierigkeiten, die Vorschriften für mitarbeitende Partnerinnen umzusetzen, kann die Frist sogar um weitere zwei Jahre verlängert werden.

Ist Ihre Partnerin gesetzlich versichert, bekommt sie während des Mutterschutzes von ihrer Krankenkasse pro Kalendertag maximal 13 € Mutterschaftsgeld. Die Differenz zum regulären Gehalt übernimmt der Arbeitgeber. Ist sie Beamtin, bekommt sie in dieser Zeit ihre Bezüge ganz normal weiterbezahlt. Ist Ihre Frau selbständig, hängt es davon ab, wie sie versichert ist (privat oder freiwillig gesetzlich, mit oder ohne Anspruch auf Krankengeld), ob und wie viel Mutterschaftsgeld oder andere Leistungen (zum Beispiel eine »Entbindungspauschale«) sie bekommt.

Elternzeit

Elternzeit ist ein für nicht selbständig beschäftigte Eltern geltender Anspruch auf unbezahlten Urlaub von maximal drei Jahren. Der Antrag muss dem Arbeitgeber spätestens sieben Wochen vor dem gewünschten Termin schriftlich eingereicht werden und ist dann verbindlich. Vater und Mutter können die Elternzeit gleichzeitig oder nacheinander nehmen. Stimmt der Arbeitgeber zu, können bis zu zwölf Monate der Elternzeit auf die Zeit zwischen dem dritten und achten Geburtstag des Kindes verschoben werden.

Um den Wegfall des Einkommens aufzufangen, wird für maximal zwölf beziehungsweise 14 Monate **Elterngeld** gezahlt. 14 Monate nur dann, wenn beide Elternteile es in Anspruch nehmen. Während der Elternzeit darf bis zu 30 Stunden in Teilzeitbeschäftigung weitergearbeitet werden. Das Elterngeld gibt es trotzdem. Es beträgt mindestens 300 und höchstens 1800 €. Grundlage der Berechnung ist das Bundeselterngeld- und Elternzeitgesetz.

Mehr Info: Auf der Website www.familien-wegweiser.de des Bundesministeriums für Familie, Senioren, Frauen und Jugend finden Sie neben weiteren Informationen sowohl zur Elternzeit als auch zum Elterngeld einen Link zum Wortlaut des Bundeselterngeld- und Elternzeitgesetzes. Unter www.vaeter-zeit.de und www.vaterfreuden.de finden Sie weiterführende Tipps und Berichte.

Kont

Kontrolle 3

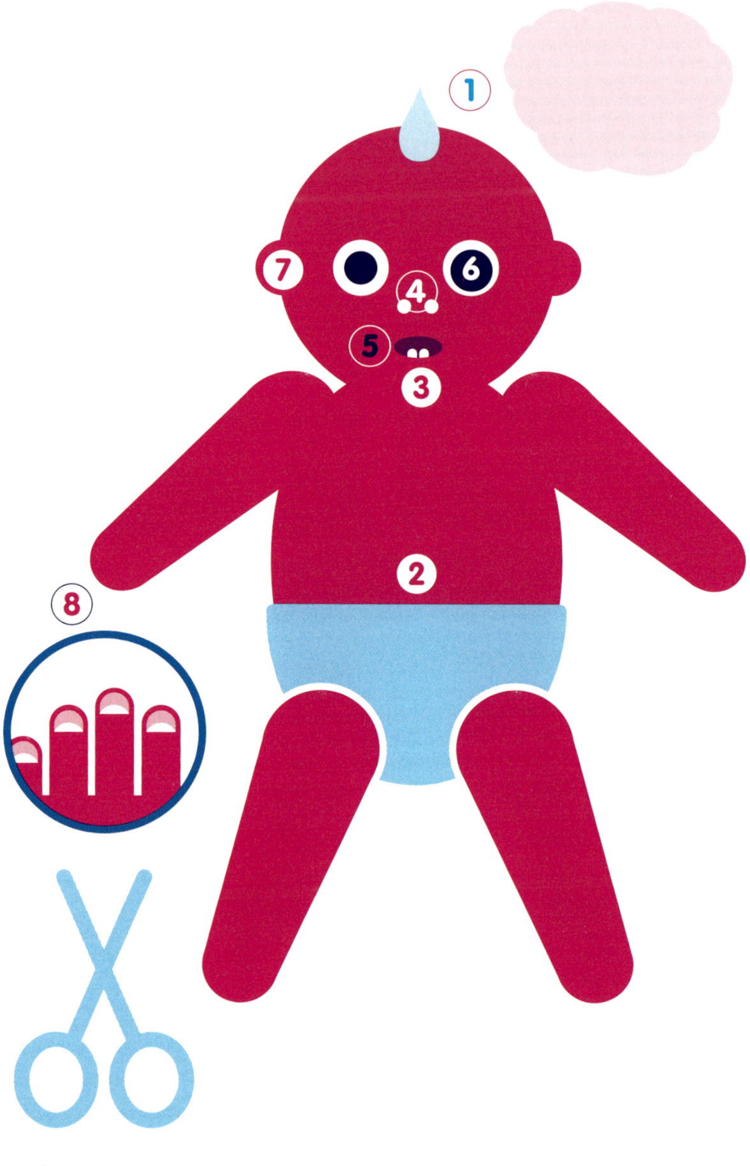
1
7
6
4
5
3
2
8

Pflege

1. Kopf abstützen und sanft mit warmem Wasser waschen. Achten Sie auf die Fontanellen. Trocken tupfen. Zeigt die Haut Schuppen oder schuppige Krusten, hat Ihr Kind Milchschorf, einen harmlosen Ausschlag, der in den ersten Lebensmonaten häufig auftritt. Nicht mit Wasser und Seife behandeln, sondern mit in Babyöl getränkter Watte einreiben, das weicht die Krusten auf, sodass sie sich von selbst lösen. Anschließend mit Wasser und Seife oder Babyshampoo waschen. Tritt der Milchschorf erneut auf, wenden Sie sich an den Arzt.
2. Nabelstumpf Der Nabelschnurrest trocknet ein und fällt dann ab. Den Stumpf nach dem Baden gut abtrocknen. Nicht mit Wasser, sondern mit einem alkoholgetränkten Wattestäbchen reinigen. Lassen Sie sich bei Bedarf von der Hebamme beraten.
3. Zähne Mit einem feuchten Tuch abwischen. Wenn die Zähne an Zahl und Umfang zunehmen, können Sie eine weiche Bürste benutzen.
4. Nase Ist mit Selbstreinigungsfunktion ausgestattet. Flimmerhärchen auf der Schleimhaut schieben Staub und Schleim zur Nasenöffnung hin. Häufig werden sie auch schon durch Niesen ausgestoßen. Die Nasenlöcher reinigen Sie mit einem Zipfel des Waschlappens.
5. Mund selbstreinigend
6. Augen selbstreinigend durch Tränenflüssigkeit
7. Ohren Säubern Sie mit einem angefeuchteten Zipfel des Handtuchs nur die Ohrmuschel. Der Gehörgang muss nicht gereinigt werden, das erledigt das Ohrenschmalz, das den Schmutz über kleine Härchen hinausbefördert.
8. Fingernägel Schneiden Sie die Nägel regelmäßig, um Kratzern vorzubeugen. Benutzen Sie eine saubere, (mit Alkohol) desinfizierte Nagelschere. Protestiert das Baby, schneiden Sie ihm die Nägel, wenn es schläft.

Reinigung

Zur Vorbeugung gegen Störungen muss Ihr Produkt alle zwei bis drei Tage gründlich gereinigt werden. Der Raum sollte gut warm sein. Nehmen Sie Ihre Armbanduhr ab, waschen Sie sich die Hände und legen Sie folgende Utensilien bereit. Vergessen Sie nichts: Sie können nicht schnell weg und etwas holen!

- Trockene Baumwollhandtücher
- Saubere Kleidung
- Frische Windel
- Milde Seife oder Shampoo
  (so wenig wie möglich, Wasser allein genügt auch)
- Waschlappen oder Schwamm
- Babypuder oder -öl
- Watte oder Wattestäbchen
- Zwei Kämme
- Thermometer

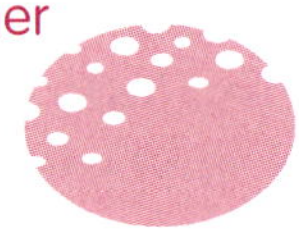
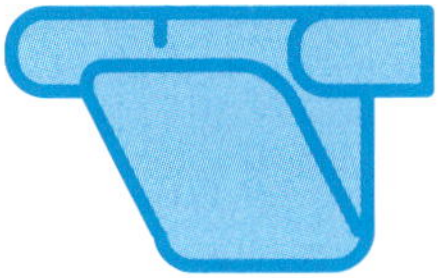

Arbeitsplatz

Stellen Sie zwei Schüsseln mit lauwarmem Wasser bereit, eine (bei Bedarf) mit Seife, eine ohne. Bedecken Sie eine Körperseite des Babys mit einem Handtuch und waschen Sie die andere mit Wasser und Seife.

Nachspülen nur mit Wasser. Gut abtrocknen, besonders in den Hautfalten. Bei Bedarf Babypuder (keinen Talkumpuder) oder -öl auftragen.

Waschbecken

Füllen Sie das Waschbecken oder eine Schüssel ungefähr acht Zentimeter hoch mit Wasser. Prüfen Sie mit dem Ellenbogen die Temperatur: Sie sollte 37 °C betragen (Körpertemperatur) – warm, aber keinesfalls zu heiß. Heben Sie das Baby mit der Rückseite voran ins Wasser.

Waschen, nachspülen und abtrocknen. Halten Sie mit der linken Hand den linken Arm des Babys fest und stützen Sie gleichzeitig mit dem linken Arm seinen Kopf ab.

Badewanne

Legen Sie eine Gummimatte auf den Wannenboden oder benutzen Sie eine Babybadewanne auf einem Ständer.
Umwickeln Sie vorstehende Wasserhähne und andere (heiße) Armaturen, an denen sich das Baby verletzen könnte, mit einem Handtuch.
Lassen Sie wenig Wasser in der richtigen Temperatur ein. Heben Sie das Baby vorsichtig in die Wanne.
Im Handel gibt es Baby-Badematratzen, auf denen Sie es hin und her wiegen können.

- Lassen Sie das Baby beim Baden nie allein, es kann schon in 2,5 bis fünf Zentimeter tiefem Wasser ertrinken!
- Baden Sie das Baby stets vor einer Mahlzeit, nicht danach, denn dann will es schlafen.
- Mund und Windelbereich müssen mehrmals täglich gereinigt werden.

1
2
7
4
6
3
5
8

Verpackung

Ihr Produkt ist nach Lieferung nicht in der Lage, seine Temperatur selbst zu regulieren. Sorgen Sie für eine adäquate Verpackung, damit es die gewünschte Körpertemperatur von 37 °C halten kann. Die Verpackung bietet zugleich Schutz. Waschen Sie die Verpackung vor Gebrauch und benutzen Sie Weichspüler.

1. Rumpf Die Basisverpackung – auch Body genannt – umschließt den ganzen Rumpf. Sie bildet die erste Kleidungsschicht. Erhältlich in Baumwolle oder Frottee, kurz- oder langärmelig, mit Knöpfen, Druckknöpfen oder dem sogenannten amerikanischen Halsausschnitt, der weniger eng anliegt, aber leichter über den Kopf gezogen werden kann. Bedarf: mindestens sechs Stück. 2. Strampelanzug Einteiliger Mini-Overall mit Füßlingen, erhältlich in Baumwolle oder Frottee. Bedarf: mindestens drei Stück. 3. T-Shirt Meist aus Baumwolle, mit Kurz- oder Langarm. Bedarf: mindestens sechs Stück. 4. Pulli oder Jäckchen Pulli mit weitem Halsausschnitt oder Schulterverschluss. Wolle oder Kunstfaser. Bedarf: mindestens drei Stück. 5. Windelhöschen Weites Höschen mit kurzen Beinen. Nicht unbedingt nötig, aber im Sommer praktisch. 6. Strampelsack Schlafsack mit Reißverschluss, mit oder ohne Ärmel. Bedarf: mindestens drei Stück. 7. Umschlagtuch Immer praktisch, um das Baby warm zu halten. Im Sommer aus Flanell oder Baumwolle, im Winter aus Wolle. 8. Socken Sobald das Baby krabbeln kann, müssen die Füße mit Baumwoll- oder Wollsocken warm gehalten werden. Bedarf: acht Paar.

- Schließen Sie Reißverschlüsse in einigem Abstand vom Körper.
- Ziehen Sie Ihr Baby nicht zu warm an. Die Raumtemperatur sollte tagsüber 23 °C betragen.
- Wählen Sie Kleidung, die bequem an- und auszuziehen geht.
- Vorsicht bei der Wahl des Waschmittels. Duft- und Farbstoffe im Waschpulver können Allergien oder Hautreizungen verursachen. Es gibt hypoallergene Alternativen.

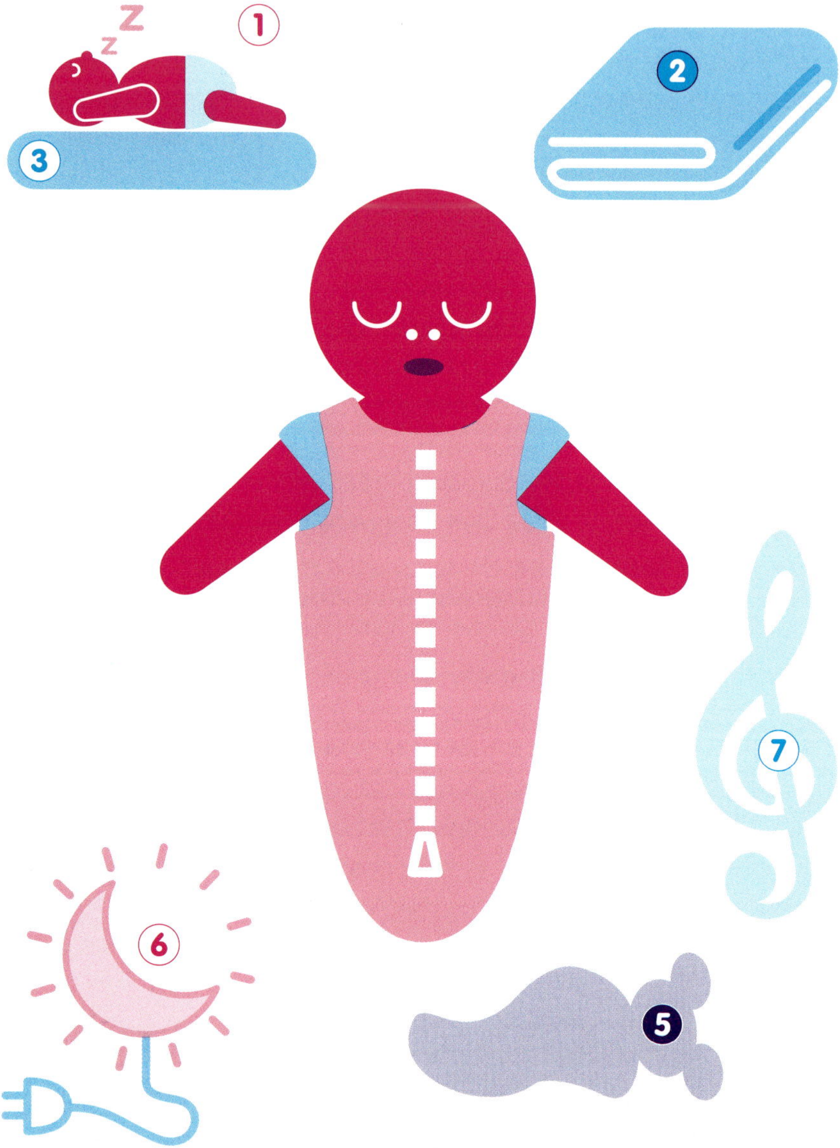
1
2
3
5
6
7

Aufladen

Die Energie Ihres Produkts wird durch Schlaf erzeugt. Es ist von großer Wichtigkeit, dass der Schlafprozess ungestört verläuft. Achten Sie deshalb auf folgende Punkte:

1. Position Wo immer das Baby schläft – legen Sie es möglichst auf den Rücken, niemals auf den Bauch. Aus zwei Gründen: Eine amerikanische Untersuchung ergab 1995, dass Babys, die auf dem Rücken schlafen, gesünder sind. Sie leiden seltener an Fieber, verstopfter Nase oder Ohrenentzündungen. Zudem haben Rückenschläfer ein geringeres Krippentod-Risiko. Krippentod oder plötzlicher Kindstod ist ein Sammelbegriff dafür, dass ein gesundes Baby plötzlich tot in seinem Bettchen liegt. Jedes Jahr sterben in Deutschland etwa 300 Säuglinge im Schlaf, die meisten im Alter von zwei bis vier Monaten. Frühgeborene und untergewichtige Kinder haben ein höheres Risiko. Der Krippentod trifft Jungen häufiger als Mädchen – warum, weiß man nicht. Schlafen mit Schnuller senkt das Risiko, möglicherweise weil das Kind ruhiger ist und sich weniger schnell auf den Bauch dreht. Ein Schnuller hat jedoch auch Nachteile. Warten Sie in jedem Fall mit seiner Verwendung, bis das Stillen in Gang gekommen ist. Wird das Baby »scheinbar tot« in der Wiege vorgefunden, erholt sich dann aber wieder, hat man es mit ALTE zu tun, einem *Apparent Life Threatening Event*. Für beides gibt es kaum schlüssige Erklärungen. Sollte bei Ihrem Kind ein erhöhtes Risiko festgestellt werden, muss sein Schlafverhalten genau analysiert werden. Mögliche Lösungen wären dann ein Atemmonitor oder ein Spezialpyjama (siehe Kapitel 10).
2. Decke Verwenden Sie kein Federbett, sondern eine oder zwei (leichte) Baumwolldecken. Stecken Sie die Decken seitlich und am Fußende fest, damit das Baby sie nicht lösen und sich über den Kopf ziehen kann. Legen Sie das Baby mit den Füßen ans Fußende des

Bettchens. Gönnen Sie ihm Bewegungsfreiheit. Ein Schlafsack (auch Strampelsack genannt) mit Ärmeln ist eine gute Alternative zur Decke.

3. Matratze Muss fest sein und mit den Bettkanten abschließen, sodass sich das Baby nicht einklemmen kann. Entfernen Sie Kissen und andere lose Gegenstände.

4. Zimmer Gut durchlüften – auch im Winter – und nicht zu stark heizen (ca. 18 °C).

5. Kuscheltier Lassen Sie Ihr Baby mit einem Stofftier Bekanntschaft machen, zum Beispiel beim Füttern. Legen Sie das Kuscheltier abends ans Fußende der Wiege. Um Dramen zu vermeiden, wenn das geliebte Stück verlorengeht, beschaffen Sie rechtzeitig ein identisches Reservetier. Übrigens entwickeln Babys erst nach neun bis zwölf Monaten eine Bindung an ein Stofftier.

6. Nachtlicht

7. Spieluhr Einfache Melodien in hohen Tonlagen wirken beruhigend auf Babys.

Optimaler Ladestand

Der optimale Ladestand Ihres Produkts wird erreicht durch:

1. Frische Luft Appetit, Abwehrkräfte und Schlafbedürfnis nehmen durch wechselnde Temperaturen zu. Gehen Sie mit Ihrem Baby ein bis zwei Stunden täglich nach draußen, am besten tagsüber zwischen zwei Mahlzeiten.

2. Spielen Je mehr Reize Ihr Kind erhält, desto besser schläft es später. Aber übertreiben Sie es nicht: Zu viele Reize können es übermüden, sodass es nicht mehr in den Schlaf findet. Denken Sie sich nicht krampfhaft komplizierte Spiele aus: Ihr Gesicht zu betrachten und zu erforschen ist für das Baby spannend genug.

3. Festes Schema Etablieren Sie für den Schlaf Ihres Babys ein festes Ritual mit Füttern, Baden (bei Bedarf), Zimmer- und Bett-Herrichten, Wiegen und Musik.

4. Zu Bett bringen Machen Sie sich dieses Bettritual zur festen Gewohnheit. Legt die Produzentin das Baby selbst ins Bett, nimmt es den Milchgeruch wahr und will dann möglicherweise nicht schlafen, weil es denkt, es bekommt die Brust.

Ladeschema

	Sa	So	Mo	Di	Mi	Do	Fr
7.00							
7.30							
8.00							
8.30							
9.00							
9.30							
10.00							
10.30							
11.00							
11.30							
12.00							
12.30							
13.00							
13.30							
14.00							
14.30							
15.00							
15.30							
16.00							
16.30							
17.00							
17.30							
18.00							
18.30							
19.00							
19.30							
20.00							
20.30							
21.00							
21.30							
22.00							
22.30							
23.00							
23.30							
00.00							
0.30							
1.00							
1.30							
2.00							
2.30							
3.00							
3.30							
4.00							
4.30							
5.00							
5.30							
6.00							
6.30							

In dieser Tabelle können Sie eine Woche lang das Schlafverhalten Ihres Kindes festhalten. (Machen Sie sich Kopien, um den Rhythmus über längere Zeit zu verfolgen.)

- Schraffieren Sie die Zeiten, in denen Ihr Baby schläft.
- Markieren Sie die Mahlzeiten mit einem Häkchen.
- Kreuzen Sie Abweichungen vom Schlafmuster an und notieren Sie den Grund.

Laderhythmus

Ihr Produkt tankt während kurzer und langer Ruhe- und Schlaf-Intervalle Energie auf. Mit dem nebenstehenden Schema erhalten Sie Einblick in seinen Laderhythmus und können sich Ihre Tage und Nächte besser einteilen.

Schlaffrequenz Ihr Kind kann noch nicht zwischen Tag und Nacht unterscheiden. Die meisten Babys schlafen in kurzen Perioden, vom zehnminütigen Schlummer über den zweistündigen Mittagsschlaf bis hin zum vierstündigen Nachtschlaf. Da der Magen recht klein ist, wacht Ihr Baby öfter auf, um gefüttert zu werden. Mit zunehmender Magengröße verlängern sich die Schlafperioden. Nach drei Monaten kann es sechs Stunden am Stück schlafen. Nach sechs bis 13 Wochen braucht es keine Nachtmahlzeit mehr und schläft die ganze Nacht durch. Hoffentlich.

Schlafquantität Im ersten Monat schlafen Babys am meisten: zwölf bis 15 Stunden innerhalb von 24 Stunden. Nach vier Wochen ist es eine Stunde weniger. Nach einem halben Jahr schläft Ihr Kind 14, nach einem Jahr nur noch 13 Stunden. Diese Schlafmenge bleibt in den folgenden Jahren nahezu konstant: Ein fünfjähriges Kind schläft im Durchschnitt immer noch zwölf Stunden.

Tag versus Nacht Nach der Geburt schläft Ihr Baby tagsüber genauso leicht ein wie nachts. Dunkeln Sie sein Zimmer tagsüber nicht ab, damit es sich ganz allmählich an den Unterschied zwischen Tag und Nacht gewöhnt.

Aufwachen Ein Baby schläft genau so lange, wie es das braucht: Es empfiehlt sich, Ihr Kind nicht zu wecken. Manchmal wachen Babys plötzlich mitten in der Nacht auf, oft wenn sie gerade stark wachsen, wenn Zähne durchbrechen oder wenn sie etwas Neues gelernt haben (Krabbeln oder Stehen). Babys haben ebenso wie Erwachsene Phasen mit leichtem und tiefem Schlaf, die bei ihnen aber schneller aufeinander folgen. Nach einer etwa 20-minütigen Einschlafphase schaltet das Baby auf einen festen, tiefen Schlaf um. Nach ein bis eineinhalb Stunden wird der Schlaf wieder leichter und aktiver. Das Baby gelangt in die Phase des *Rapid Eye Movement:* Hinter den flatternden Lidern bewegen sich die Augen hin und her, als verfolgten sie ein Objekt. Der REM-Schlaf ist unter anderem durch erhöhte Hirnaktivität gekennzeichnet (die Blutzufuhr zum Gehirn verdoppelt sich), die sich etwa in Träumen äußert. Aus der Tatsache, dass schon Babys einen REM-Schlaf haben, schließen manche Wissenschaftler, dass sie auch träumen. Beim Übergang vom Tief- in den REM-Schlaf kann Ihr Baby aufwachen. Wenn es dann weint, gehen Sie nicht gleich zu ihm. Viele Babys trösten sich schnell wieder in den Schlaf. Bei Erwachsenen dauert der Schlafzyklus (vom leichten in den Tiefschlaf und wieder zurück) durchschnittlich 90 Minuten.

Ladeort

Ihr Produkt kommt an einem sicheren, geschützten Ort am besten zur Ruhe. Sie haben die Wahl zwischen folgenden Optionen:

Wiege

Eine sichere Wiege muss folgende Anforderungen erfüllen:

- 30 cm tief, 45 cm breit, 80 cm lang
- keine scharfen Kanten
- bei feststehender Wiege: stabiles, kippsicheres Gestell
- feste Matratze, max. 2 cm Abstand zum Rahmen
- Seitenwände oder Gitterstäbe (Gitterabstand 4,5 – 6,5 cm).

Ferner benötigen Sie: Matratzenschoner, Spannbetttücher (mindestens drei), Moltontücher (mindestens drei), Decken, Tagesdecke (mindestens drei). Wiegen unterliegen keinen gesetzlichen Anforderungen, es gibt jedoch eine europäische Richtlinie – EN 1130 –, die besagt, dass die Wiege den Sicherheitsnormen der EU entsprechen muss. Das Baby kann ungefähr drei Monate in der Wiege schlafen, je nachdem, wie schnell es wächst. Sobald es sitzen, knien oder sich hochziehen kann, sollte der Ladeort gewechselt werden.

Mehr Info: www.kindersicherheit.de.

Kinderbett

Das Baby kann auch von Anfang an in einem Kinderbett schlafen. Das Bett sollte mit einem Siegel für Geprüfte Sicherheit (GS-Zeichen) versehen sein. Sicherheitsnormen nennt die EU-Richtlinie EN 716:

- Maße: 120 – 140 x 60 cm
- Boden: Lattenrost oder gelochte Hartfaserplatte
- Seitenwände: maximal 55 cm hoch, Gitterabstand 4,5 – 6,5 cm
- glatte, splitterfreie Verarbeitung ohne Haken, Schrauben oder vorstehende Teile.

Mehr Info: www.hausundheim.net/kinderzimmer-babybett.php.

Ihr Bett

Von verschiedenen Seiten wird propagiert, dass es für ein Baby keinen natürlicheren Schlafplatz gebe als das elterliche Bett. Gegen diese Theorie ist wenig zu sagen. In allen primitiven Kulturen schlafen Babys bei der Mutter, so wie es auch bei unseren Steinzeitvorfahren üblich war. Experten zufolge kann unsere westliche Gewohnheit, Babys von Geburt an in einem separaten Raum schlafen zu lassen, sogar eine der Ursachen postnataler Depressionen sein. Neben der fortdauernden Geborgenheit für Kind und Eltern hat das gemeinsame Schlafen einen weiteren Vorteil: Weder Vater noch Mutter müssen mitten in der Nacht aufstehen. Nicht, um das Baby zu trösten, und – im Idealfall – nicht einmal für eine Nachtmahlzeit: Sobald es Hunger hat, sucht das Baby die Brust von selbst. Wenn Sie Ihr Bett mit dem Kind teilen möchten, beachten Sie folgende Punkte:

- Die Matratze sollte hart sein (kein Wasserbett). Entfernen Sie Kissen und schwere Decken und besorgen Sie eine leichte Decke für das Baby.
- Legen Sie das Kind in die Mitte; Sie und die Mutter bilden die Einfassung des »Babybetts«.
- Lassen Sie Ihr Kind nicht allein im Elternbett schlafen.

Mehr Info: www.attachmentparenting.org

Eigenes Zimmer

Nach etwa neun Monaten sollten Sie Ihr Baby in seinem eigenen Zimmer schlafen legen, es sei denn, Sie sind Anhänger »natürlicher Elternschaft«. Es gewöhnt sich an die neue Situation und mag bald kaum noch woanders schlafen. Sie können es auch von Geburt an ins Kinderzimmer legen, vorausgesetzt, Sie bleiben in Hörweite.

Ladestörungen

Wenn das Baby partout nicht schlafen will, kann eine Störung vorliegen. In seltenen Fällen ist dies das Schlafapnoe-Syndrom, bei dem es zu Atemstillständen während des Schlafs kommt – *apnoe* ist griechisch und bedeutet »Nicht-Atmung«, wie die Taucher unter Ihnen wissen. Infolge der Atemnot wacht das Baby auf. Ursache ist eine starke Entspannung der Muskulatur um die oberen Atemwege während des Tiefschlafs. Symptome sind Schnarchen und/oder lautes Atmen im Schlaf und Husten. Schlafapnoe kann das Gehirn schädigen.

Schlafmusik

Mehrere halbwissenschaftliche Untersuchungen haben ergeben, dass Neugeborene leichter einschlafen, wenn ein monotones Geräusch in einer Lautstärke knapp über der eines Staubsaugers abgespielt wird. Der Grund ist simpel: Das Geräusch weckt Assoziationen mit der vertrauten Gebärmutter: Neun Monate lang hat der Fötus das Rauschen des Blutes und im Hintergrund den Bassrhythmus des mütterlichen Herzschlags gehört. Etliche Produzenten haben dieses Geräusch mit winzigen Mikrofonen aufgenommen. Einige »übersetzen« den Gebärmutterbeat in Instrumentalklänge, andere bringen CDs heraus, auf denen die gedämpfte Sphäre des Mutterleibs ab und zu durch andere Klänge ergänzt wird. Ob Ihr Baby bei dieser Musik leichter einschläft, hängt von seinem Geschmack ab. Die meisten Neugeborenen mögen rhythmische Klänge einfach, aber es gibt auch welche, die bei schrillen Gitarrensoli, wildem House oder – nicht zu vergessen – tiefer Stille wunderbar einschlummern. Schon Babys sind schließlich Individuen mit besonderen Vorlieben.

Mehr Info:

www.bastamusic.com: Dem niederländischen Liebhaberlabel Basta gebührt die Ehre, den Klassiker im Bereich Babymusik neu herausgebracht zu haben. Der amerikanische Pianist, Bandleader und Komponist Raymond Scott (1908–1994), ein Pionier elektronischer Musik bereits zu Zeiten, als Brian Eno und Kraftwerk noch in den Windeln lagen, schuf allerlei Einschlafmelodien für Babys, gespielt auf von ihm selbst erfundenen Instrumenten wie dem Clavivox und dem Electronium. Das Album *Soothing Sounds for Baby* umfasst drei CDs: für Neugeborene, für Babys von sechs bis zwölf Monaten und für Kinder von zwölf bis 18 Monaten. Für Audiopuristen hat Basta die *Soothing Sounds* auch auf Vinyl herausgebracht, in der Originalhülle und mit den Original-Begleittexten der Ausgabe von Anfang der 1960er Jahre. Mehr Info über Raymond Scott unter www.raymondscott.com.

www.musicforbabies.net: Website von Advanced Technologies aus Ogden/Utah. Eine CD-Reihe mit überwiegend klassischer Musik soll die Gehirnentwicklung von Babys beschleunigen.

www.music4babies.com: Website des Komponisten Raimond Lap aus dem niederländischen Veldhoven, der Musik, Märchen und kurze Filme für Baby- und Kinderohren kreiert.

www.purewhitenoise.com: Großer Online-Anbieter von allerlei Formen von *white noise*, also weißem Rauschen, unter anderem CDs für Babys, mit Föhn- und Staubsaugergeräuschen.

Mobiler Modus

Für seinen Transport ist Ihr Baby ganz auf Sie angewiesen. So bringen Sie es in den mobilen Modus.

Vertikal

Stützen Sie mit einer Hand Kopf und Nacken ab. (Die Nackenmuskeln sind in den ersten Wochen noch kaum entwickelt. Achten Sie deshalb darauf, dass der Kopf nicht auf die Seite rollt.) Platzieren Sie die andere Hand unter Rücken und Gesäß. Heben Sie das Baby zu Ihrer Brust hin.

Horizontal

Drehen Sie Ihr Baby auf den Bauch. Schieben Sie eine Hand zwischen seinen Beinen durch, sodass Ihre Handfläche auf seiner Brust ruht. Legen Sie die andere Hand fest auf seinen Rücken und heben Sie es hoch.

Wiegen

Nehmen Sie Ihr Baby immer auf den linken Arm: Ihr Herzschlag beruhigt es. Platzieren Sie dazu die rechte Hand unter Kopf und Nacken und die linke unter Rücken und Gesäß. Führen Sie die rechte Hand zu Ihrem linken Arm und betten Sie den Kopf des Babys in Ihre Armbeuge, der Rest des Körpers ruht auf Ihrem Arm.

Werfen

Die ultimative Geste stolzer Väter: das Baby in die Luft werfen. Das sollten Sie besser lassen. Seit Ende der 1990er Jahre zwei Au-pair-Mädchen wegen Totschlags verurteilt wurden, weil sie ein Baby geschüttelt hatten, hat man die Wirkung von Erschütterungen auf das Gehirn eines Babys genauer untersucht. Man fand heraus, dass selbst harmlos wirkende heftige Bewegungen Schaden anrichten können: das sogenannte Schütteltrauma, bei dem das Gehirn gegen den Schädel gedrückt wird und Nervenfasern im Nackenbereich geschädigt werden. Es kann zu schwerwiegenden Folgen wie etwa Lähmungen und Sprach- und Lernstörungen kommen. Bei normaler Handhabung haben Sie jedoch nichts zu befürchten.

Mobiler Modus mit Zubehör

Eine scharfsinnige Kolumnistin nannte den Tragebeutel kürzlich den Penisköcher des modernen Vaters. Ihr Hohn war auf einen Journalisten gemünzt, der in seinem Buch berichtete, er errege mehr Aufmerksamkeit bei Frauen, wenn er sich mit einem Baby im Tragebeutel auf die Straße begebe. Doch so modern der Tragebeutel auch scheint – er ist so alt wie das Altertum selbst. Schon zur Zeit der Pharaonen trugen Mütter ihre Kinder in einem Tuch vor dem Bauch. Und bei Naturvölkern ist das noch heute gang und gäbe. Sie können es ihnen gleichtun, auf unterschiedliche Art:

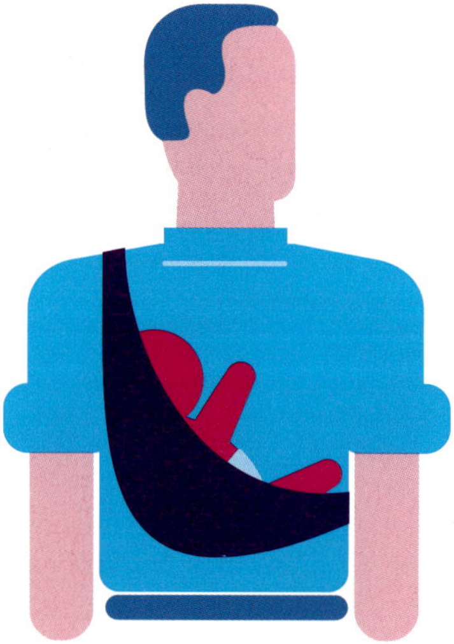

Tragetuch oder -schlinge

Auch kleine Hängematte genannt. Schon wenige Tage nach der Geburt kann das Baby darin transportiert werden. Knoten Sie sich die Enden über die Schulter und positionieren Sie das Baby mit dem Rücken nach unten in dem Tuch. Ziehen Sie die Seiten hoch und achten Sie darauf, dass Kopf und Hals gut abgestützt sind. Verwendbar bis zum Alter von neun bis zwölf Monaten.

Bauchtrage (Tragesack)

Die Bauchtrage ist eine gute Alternative, wenn das Baby einige Monate alt ist. Sie wird mit Hüft- und Schultergurten befestigt und hat einen Kragen, der den Kopf des Babys abstützt.

Rückentrage

Wenn Ihr Kind aus Trageschlinge und Bauchtrage herausgewachsen ist, kommt die Rückentrage zum Einsatz, vorausgesetzt, die Hals- und Rückenmuskulatur des Babys ist bereits vollständig entwickelt.

Weniger weinen

Es gibt Hinweise darauf, dass Babys, die täglich in einem Tragebeutel transportiert werden, weniger weinen. Der kanadische Kinderpsychiater Ronald Barr, Professor an der McGill University in Montreal, verglich die Weinhäufigkeit von Babys, die täglich vier Stunden in einem Tragebeutel getragen werden, mit der von Babys, die dieses Vergnügen nur zwei Stunden pro Tag haben. Die erste Gruppe weinte um 43 Prozent weniger.

Mobiler Modus mit Verpackung

Sonnenschutz

Die zarte Oberfläche Ihres Produkts ist extrem empfindlich gegen Sonneneinstrahlung. Sonnencreme können Sie in den ersten sechs Monaten nicht verwenden, weil die Haut die darin enthaltenen chemischen Stoffe nicht verträgt; danach ist ein Sonnenschutzmittel mit mindestens Faktor 15 angesagt. Wenn Sie mit dem Baby in die Sonne gehen, ziehen Sie ihm helle, weite Kleidung an, die den ganzen Körper bedeckt. Denken Sie auch an Socken und einen Sonnenhut mit Nackenschutz. Für den Kinderwagen brauchen Sie einen Sonnenschirm.

Kälteschutz

Wenn Sie nicht gerade selbst extrem verfroren sind oder im Wetterbericht jeden Abend den Begriff »gefühlte Temperatur« erläutert bekommen, können Sie Ihrem Baby ruhig auch im Winter die Welt draußen zeigen. Sie müssen es nur gut einpacken: Schneeanzug, Wollmütze, warme Fäustlinge und Schühchen und notfalls eine Decke.

Material und Proviant

Wenn Sie mit Ihrem Baby losziehen, nehmen Sie Folgendes mit:

- Verpflegung
- eine Flasche abgekochtes Wasser
- Spielzeug
- Windeln und Reinigungstücher
- Reservekleidung
- Kuscheltier

Tipps für Babymanager

- Da Babys über eine isolierende Unterhautfettschicht verfügen und ihre Schweißdrüsen noch nicht funktionieren, wird ihnen schnell zu warm. Sie müssen also nicht nur gegen Unterkühlung, sondern vor allem auch gegen Überhitzung geschützt werden. Indikator ist die Gesichtsfarbe. Ein Baby, dem zu warm ist, wird rot und fleckig, ein frierendes Baby wird blass.
- Die Temperatur können Sie mit zwei Fingern im Nacken des Babys gut prüfen. Fühlt er sich normal an, ist die Temperatur in Ordnung.
- Sonne ist für Babys auch gesund: Sie regt die Bildung von Vitamin D in der Haut an. Gewöhnen Sie Ihr Kind langsam daran. Beginnen Sie mit fünf Minuten.
- Wärmen Sie den Kinderwagen im Winter mit einer Wärmflasche vor, ehe Sie sich auf den Weg machen.

Mobiler Modus mit Transportmittel

Für Ausflüge mit Ihrem Baby stehen Ihnen diverse mit Rädern ausgerüstete Transportmittel zur Verfügung. Gründen Sie Ihre Wahl auf die Kriterien Gewicht, Umfang, Kosten, Multifunktionalität und Haltbarkeit. Machen Sie unbedingt eine Probefahrt; sollten Sie an ein zusammenklappbares Modell denken, probieren Sie aus, ob es in den Kofferraum Ihres Autos passt.

Oldtimer

Ab wann einsetzbar: sofort.
Modell: Mit seinen großen Speichenrädern und der ausladenden Karosserie der Cadillac für Babys. Die Frage, wer das Urmodell des Kinderwagens, den *perambulator* oder kurz *pram*, erfunden hat, ist bis heute umstritten. War es der englische Architekt William Kent, der den Wagen 1733 für den dritten Herzog von Devonshire entwarf? War es Charles Burton, der 1848 die New Yorker Passanten mit seinen »Babys auf Rädern« erstaunte und irritierte? Oder gebührt die Ehre dem Deutschen Ernst Albert Naether, einem sächsischen Stellmacher, der Mitte des 19. Jahrhunderts eine komplette Kinderwagenindustrie aus dem Boden stampfte? Wie auch immer – wenn Sie sich für einen Oldtimer entscheiden, reist Ihr Baby elegant und zudem auf den Spuren einer reichen Historie.
Pro:

- Retrolook mit hohem Aufmerksamkeitswert
- geschützter Transport
- wertbeständige »Kapitalanlage«.

Kontra:

- groß, selten zusammenklappbar
- keine Fabrikgarantie
- kein modernes Zubehör.

Preis: Auf dem Secondhandmarkt herrscht ein lebhafter Handel mit diesen Sammlerstücken. Für ein restauriertes Modell müssen Sie mit Preisen ab 90 € rechnen. Die Kölnerin Dorothee Rijntjes hat sich auf diese Branche spezialisiert: www.kinderwagen-nostalgie.com. Etliche Angebote finden sich auch in dem eBay-Shop Elviras Stöberlädchen. Um tief in die Geschichte einzutauchen, besuchen Sie das Deutsche Kinderwagenmuseum in Zeitz (www.deutsches-kinderwagenmuseum.de) oder das weltweit einzige Victorian Perambulator Museum in Jefferson, Ohio.
Hersteller: Koelstra, Hecker, Van Delft, Jonkers, Silver Cross.

Kinderwagen

Ab wann einsetzbar: sofort.
Modell: Mit diesem späten Nachfahren des klassischen Kinderwagens können Sie gleich nach der Geburt Ihres Kindes losziehen. Da die Wirbelsäule junger Babys noch nicht kräftig genug ist, dürfen sie nicht länger als anderthalb Stunden sitzend oder halb liegend transportiert werden. Traditionelle Modelle leisten nicht mehr als das, modernere Varianten wachsen mit: Man kann sie sogar zum Buggy umbauen. Andere Modelle haben eine abnehmbare Schale. Ist das Baby aus ihr herausgewachsen, können Sie einen Sportwagenaufsatz auf das Gestell montieren.
Pro:

- komfortabel und schützend für junge Babys
- sehr praktisch
- Die Kombimodelle sind drei bis vier Jahre verwendbar.

Kontra:

- teuer, besonders die Kombimodelle.

Preis: 375 –900 €.

Marken: Die meisten Kinderwagenhersteller haben alle Modelle im Programm. Bekannte Marken sind unter anderem Maxi-Cosi (www.maxi-cosi.de), Bugaboo (www.bugaboo.com), Chicco (www.chicco.de), Bébé Confort (www.bebeconfort.com) und Koelstra (www.koelstra.com). Eichhorn (www.eichhorn-kinderwagen.de) bietet auch Nostalgiemodelle an.

Dreirad/Jogger

Ab wann einsetzbar: von sechs bis zwölf Monaten.

Modell: Anders als die Bezeichnung Jogger vermuten lässt, ist das Konzept des dreirädrigen Kinderwagens uralt. Da früher jedes Rad einzeln besteuert wurde, baute man die ersten Wagen mit einem Vorder- und zwei Hinterrädern. Die heutigen Modelle, in denen das Kind liegen und sitzen kann, zielen auf eine sportliche, zahlungskräftige Kundschaft.

Pro:

- sportlicher Look
- zusammenklappbar.

Kontra:

- teuer, besonders die Kombimodelle
- relativ kräftiges Schieben erforderlich.

Preis: 250 – 800 €.

Marken: Easywalker (www.easywalker.nl, auch deutschsprachig), Quinny (www.quinny.de), Hauck (www.hauck.de), Zekiwa (www.zekiwa.de).

Buggy

Ab wann einsetzbar: sobald das Kind sitzen kann.

Modell: Der Buggy wurde in den 1960er Jahren entwickelt, geht also bereits in sein sechstes Jahrzehnt, vielleicht deshalb, weil er so bequem zu schieben ist. Er ist kompakt, leicht und gut zu transportieren. Im Buggy muss sich das Kind allerdings mit einem schmalen Sitz und spärlicher Federung begnügen.

Pro:

- extrem praktisch, mit einem Spezialträger sogar auf dem Fahrrad transportierbar
- flach zusammenfaltbar
- Rückenlehne mehrfach verstellbar.

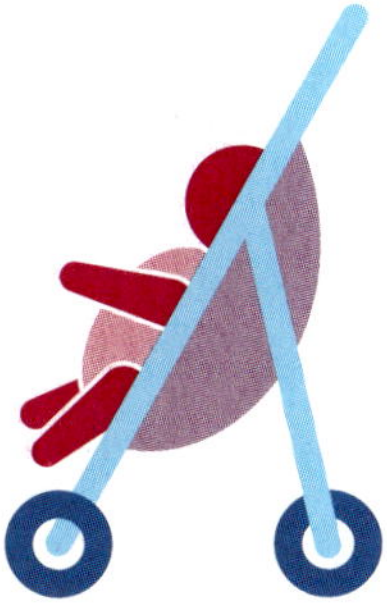

Kontra:

- keine Liegeposition möglich
- wenig Komfort für das Kind.

Preis: 50 – 200 €.

Marken: Maxi-Cosi (www.maxi-cosi.de), Zekiwa (www.zekiwa.de).

Kauftipps

Allgemein

- Ist das Modell mit »EN 1888« gekennzeichnet? Dann entspricht es der europäischen Sicherheitsnorm für Kinderwagen.
- Wie sehen die Wege in Ihrer Wohngegend aus: hohe Bordsteinkanten, holpriges Pflaster?
- Auf welchem Boden wollen Sie den Wagen einsetzen: nur auf ebenen Bürgersteigen oder auch im Gelände?
- Die Bremse muss auf mindestens zwei Räder wirken, der Bremshebel muss außer Reichweite des Babys angebracht sein, am besten am Schiebebügel. In Bremsstellung darf sich der Wagen nicht bewegen, wenn man ihn anzuschieben versucht.

- Kleine Schwenkräder? Praktisch für Stadtbewohner! Sie sollten feststellbar und nach Möglichkeit mit Stoßdämpfern versehen sein.
- Wählen Sie einen Wagen mit geschlossenen Rädern, darin können sich keine kleinen Finger einklemmen.
- Überprüfen Sie den Wendekreis: je kleiner, desto besser.
- Vergewissern Sie sich, dass der Wagen nicht zu leicht umkippt, wenn sich ein anderes Kind daranhängt oder wenn sich Ihr Baby über den Rand beugt.
- Ist der Schiebebügel verstellbar? Praktisch für hochgewachsene Leute. Und kann man ihn auch umsetzen? Praktisch, wenn Sie den Wagen ziehen wollen, zum Beispiel auf Schnee oder Sand.
- Ist der Sitz umsetzbar? Das Kind kann dann entweder mit dem Gesicht oder mit dem Rücken zu Ihnen sitzen.
- Ist der Sitz in mindestens drei Positionen verstellbar?
- Beträgt der Abstand zwischen Kind und Boden mindestens 40 Zentimeter, bei Kinderwagen 50 Zentimeter? Bei geringerem Abstand atmet das Kind zu viele Abgase ein.
- Überzeugen Sie sich bei einem Kombimodell, ob es hält, was es verspricht. Lassen Sie sich den Mechanismus vorführen und probieren Sie ihn ein paar Mal selbst aus. Kontrollieren Sie auch die Sicherung gegen ungewolltes Zusammenklappen.
- Überprüfen Sie, ob der Wagen zum Zusammenklappen hochgehoben werden muss. Das kann ins Kreuz gehen.
- Ist der Bezug abnehmbar und waschbar?
- Kontrollieren Sie die Funktionsfähigkeit der Sicherheitsgurte. Sie müssen mindestens 1,5 Zentimeter breit sein.
- Vergewissern Sie sich, dass der Wagen keine scharfkantigen Teile hat.
- Sehen Sie sich vor dem Kauf die Bedienungsanleitung an: Ist sie leicht verständlich und vollständig?

Zubehör

- Der mitgelieferte Regenschutz muss genug Lüftungsöffnungen haben.
- Moskitonetz, Sonnenschirm und Fußsack sind kein überflüssiger Luxus. Der Sonnenschirm kann auch vor Wind schützen, das Moskitonetz vor Wespen.
- Wird eine separate Gepäcktasche mitgeliefert?

Mehr Info: www.kindersicherheit.de.
Im Internet-Shop www.kinderwagen.com können Sie sich die meisten auf dem Markt befindlichen Modelle anschauen.

1. Kopfstütze
2. Seitenwangen
3. Pole-Position in der Mitte der Rückbank
4. Prüfsiegel Sicherheitsnorm ECE 44/03 oder 44/04
5. Fünfpunktgurt

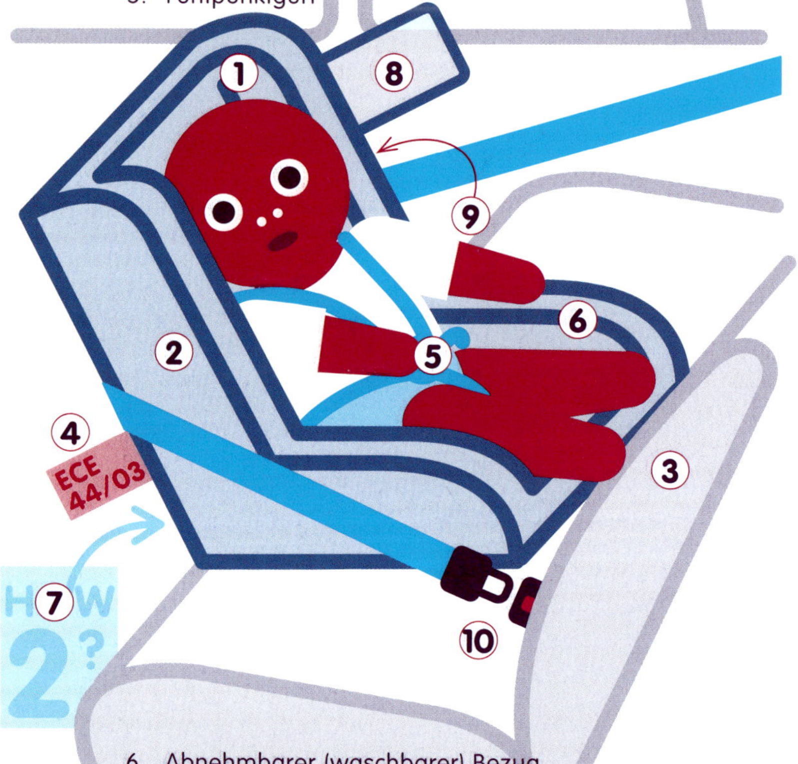

6. Abnehmbarer (waschbarer) Bezug
7. Ausführliche Bedienungsanleitung
8. Sonnenblende
9. Rücken nicht aufrecht: Unternehmen Sie keine zu langen Fahrten
10. Starre Befestigung

Mobiler Modus mit motorisiertem Transportmittel

Für den Transport im Auto benötigen Sie einen den Abmessungen Ihres Produkts angepassten Sitz. Gründen Sie Ihre Wahl auf die Kriterien Sicherheit und einfacher Einbau.

In Deutschland ist für Kinder bis zum vollendeten zwölften Lebensjahr und einer Größe bis 1,50 Meter ein Kindersitz *in jedem Fall* Pflicht. Ob die Kids vorn oder hinten sitzen, spielt keine Rolle: Kinder über 1,50 Meter müssen – genau wie Erwachsene – den Sicherheitsgurt anlegen.

Anforderungen

Brüssel stellt natürlich auch Anforderungen an Kindersitze. Sie müssen der Norm ECE 44/03 oder 44/04 entsprechen. Einen für gut befundenen Kindersitz erkennt man an dem orangefarbenen Gütesiegel. Das CE-Zeichen besagt, dass das Produkt die Mindestanforderungen hinsichtlich Sicherheit, Gesundheit, Umwelt- und Verbraucherschutz erfüllt. Auch außerhalb der EU hergestellte Sitze müssen diese Kennzeichnung aufweisen. Sie sagt allerdings nichts über die Qualität aus, sondern weist nur darauf hin, dass der Sitz dem Gesetz genügt. Auf europäischer Ebene wurde ein neues, universelles Befestigungssystem entwickelt: Isofix. Mit dem Zerren an Sicherheitsgurten ist nun Schluss, der Sitz wird mit einem einzigen Klick in zwei Haltebügel an der Rückbank eingehakt. Noch sind jedoch nicht alle Kfz-Modelle auf Isofixsitze ausgelegt. Sehen Sie in der Bedienungsanleitung Ihres Autos nach, wenn Sie an die Anschaffung dieses Systems denken.

Gewichtsklassen

Eine Einteilung nach Gewichtsklassen sagt Ihnen, welchen Sitz Ihr Kind braucht. Die ECE-Prüfplakette gibt Auskunft darüber, zu welcher Gruppe der Sitz gehört.

Gruppe	Gewicht	Alter
0	bis 10 kg	bis 9 Monate
0+	bis 13 kg	bis 18 Monate
I	9–18 kg	9 Monate – 4,5 Jahre
II	15–25 kg	3–7 Jahre
III	22–36 kg	6–12 Jahre

Airbag und Fahrtrichtung

Werden Kinder in einer Babyschale auf dem Beifahrersitz mitgenommen, muss der Airbag unbedingt funktionsunfähig gemacht werden, sonst kann es bei einem Unfall zu gefährlichen Verletzungen kommen. Ein weiterer Sicherheitsaspekt betrifft die Fahrtrichtung: Untersuchungen haben ergeben, dass Kinder entgegen der Fahrtrichtung am sichersten unterwegs sind. Bei einem Frontalzusammenstoß wird die Vorwärtsbewegung des Autos durch die Kopfstütze aufgefangen. In den Sitzen der ersten Gewichtsklasse fahren Babys entgegen der Fahrtrichtung.

Kauftipps

- Kaufen Sie keinen Kindersitz aus zweiter Hand: Er kann versteckte Mängel aufweisen.
- Nehmen Sie Ihr Kind zum Kauf mit. Bauen Sie den Sitz vor dem Kauf probehalber in Ihr Auto ein, und überzeugen Sie sich von Qualität und einfacher Handhabung der Befestigung. Der Sitz darf nicht kippen und sich nur minimal verschieben lassen. Setzen Sie Ihr Kind hinein und überprüfen Sie Bedienung und Sicherheit der Gurte. Lassen sie sich auf die Größe ihres Kindes einstellen? Sind sie leicht zu handhaben? Laufen die Schultergurte auch wirklich über die Schultern und der Beckengurt tief über das Becken? Und: Wählen Sie einen Gurt (Fünfpunkt- oder Y-Gurt), bei dem das Kind nicht nach unten rutschen kann.

- Kann man den Sitz in Schlafstellung bringen?
- Ist der Bezug abnehmbar und waschbar? Kann man ihn, falls nötig, nachkaufen?
- Lesen Sie die Bedienungsanleitung sorgfältig durch. Sehen Sie auch in der Bedienungsanleitung Ihres Wagens unter dem Stichwort »Kindersitze« nach.

Tipps zum Gebrauch

- Montieren Sie den Kindersitz in der Mitte der Rückbank: Hier ist Ihr Kind bei einem Seitenaufprall am besten geschützt.
- Halten Sie sich genau an die Bedienungsanleitung: Untersuchungen haben ergeben, dass es bei unsachgemäßem Einbau zu Verletzungen kommen kann.
- Ist Ihr Baby ein Winzling? Dann legen Sie zwei zusammengerollte Handtücher links und rechts in den Sitz. Für sehr kleine Kinder gibt es auch sogenannte Sitzverkleinerer.
- Die Gurte müssen eng anliegen, sie dürfen kein Spiel haben.
- Gewöhnen Sie Ihr Baby ans Autofahren. Beginnen Sie einige Wochen nach der Geburt mit kurzen Fahrten.
- Der Rücken Ihres Babys ist – auch in Schlafstellung – im Kindersitz leicht gekrümmt, das ist im Falle eines Unfalls die sicherste Haltung. Begrenzen Sie Autofahrten im ersten Jahr auf etwa anderthalb Stunden, und legen Sie bei (gelegentlichen) längeren Fahrten regelmäßig Pausen ein.
- Verstellen Sie den Sitz nicht während der Fahrt.
- In Babyspezialgeschäften gibt es besondere Rückspiegel mit Kugelgelenk, in denen man das Baby auf dem Rücksitz während der Fahrt im Auge behalten kann, ohne sich umdrehen zu müssen.
- Parken Sie nicht so, dass der Kindersitz in der prallen Sonne liegt. Das Material kann sich stark aufheizen.

- Passen Sie Kopfstütze und Gurte regelmäßig dem Wachstum Ihres Kindes an.
- Benutzen Sie den Kindersitz immer. Die meisten Unfälle passieren, weil die Gefahren des Transports von Kindern unterschätzt werden. Allein in Deutschland kommt es täglich zu über 20 schweren Unfällen.

Fabrikate

Die bekanntesten Kindersitzmarken sind: Römer (www.britax-roemer.de), Kiddy (www.kiddy.de), Bébé Confort (www.bebeconfort.com), Maxi-Cosi (www.maxi-cosi.de), Concord (www.concord.de – mit Crashtest-Video!), Cybex (www.cybex-online.com) und Chicco (www.chicco.de). Es gibt sogar einen Kindersitz von Ferrari.

Mehr Info: Stiftung Warentest und ADAC führen regelmäßig umfangreiche Tests mit Kindersitzen durch. Auf www.adac.de (Suchbegriff »Kindersitze«) finden Sie die neuesten Ergebnisse.

Input

4 Input

Supercocktail

Ihr Produkt sollte mindestens sechs Monate lang Muttermilch bekommen. Wissenschaftliche Studien beweisen, dass das Stillen für die Gesundheit Ihres Produkts und auch der Produzentin kurz- und langfristig das Beste ist. Beim Verabreichen dieses Supercocktails kann (Ihrer Produzentin) folgendes Zubehör zustattenkommen:

1. Stillkissen Bumerangförmiges Kissen, das den Körper der Mutter umschließt und das Baby während des Stillens stützt.

2. Still-BH Funktioneller Büstenhalter, oft aus Baumwolle mit Spitzenbesatz, gewährt mit (Druck-)Knöpfen oder Reißverschluss leichten Zugang zu den Brüsten und erleichtert nach dem Stillen das Trocknen der Brustwarzen. Erhältlich in verschiedenen Ausführungen, allerdings nicht in Leder oder Latex.

3. Stilleinlagen Fangen austretende Milch auf. Auch in Großpackungen erhältlich, waschbar oder als Einmal-Variante.

4. Flasche Silikon- oder Glasflasche zum Aufbewahren oder Verfüttern von (aufgetauter) Muttermilch. Auch für Fertigmilch geeignet. Muttermilch ist im Kühlschrank drei bis vier Tage haltbar (bei maximal 4 °C), im Gefrierfach (bei minus 18 °C) sechs Monate.

5. Sauger Aus Kautschuk oder Silikon, für die Zufuhr der Milch zum Mund des Babys. Der Durchfluss sollte möglichst langsam erfolgen und wird durch die Anzahl der Öffnungen reguliert. Manche Modelle haben einen Luftkanal, der verhindert, dass das Baby ein Vakuum in die Flasche zieht und der Sauger zusammenklebt.

6. Gefrierbeutel Zur Aufbewahrung abgepumpter Muttermilch.

7. Flaschenwärmer Taut Milch in Gefrierbeuteln oder Flaschen schnell auf die eingestellte Temperatur auf. Einige Modelle verfügen über einen Auto-Adapter – praktisch, wenn man im Stau steht und das Baby Hunger bekommt.

8. Sterilisator Flaschen und Sauger müssen nach Gebrauch sterilisiert werden. Unter fließendem heißem Wasser abspülen und in einem Topf kurz auskochen. Sollte Ihnen das zu umständlich sein, gibt es Alternativen, zum Beispiel den Dampfsterilisator, in dem Sie sechs Flaschen in weniger als neun Minuten sterilisieren können. Noch schneller geht es mit dem Mikrowellensterilisator.

9. Milchpumpe Von Hand oder elektrisch angetriebener Blasebalg, der die Muttermilch über einen Trichter aus der Brust saugt – »Abpumpen« nennt sich das. Die Milch wird in einem Beutel oder einer Flasche aufgefangen und zur späteren Verwendung gekühlt oder eingefroren. Auch mit Doppelpumpset erhältlich, um beide Brüste gleichzeitig anzuzapfen.

Stillen

Die Produktion des Supercocktails erfolgt in einem ausgeklügelten Prozess, bei dem Muskeln, Hormone und Gehirn von Mutter und Kind einträchtig zusammenwirken.

Die Grundstoffe werden über das Blut geliefert. In den neun Monaten der Montage Ihres Produkts sorgen die Hormone Östrogen, Progesteron und Prolaktin (1) für eine Zunahme der traubenförmigen Drüsenläppchen (2) in der Brust. Unmittel-

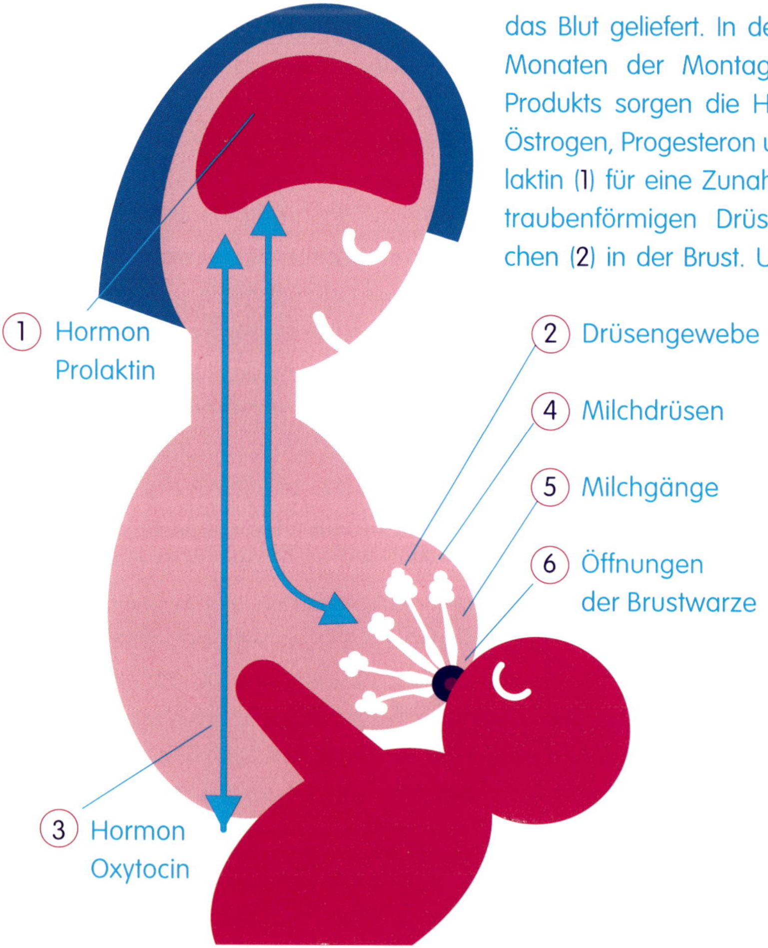

bar nach Lieferung kommt es zu einer Verschiebung des Hormonspiegels: Das Östrogen- und das Progesteronniveau sinken stark ab, das Prolaktinniveau steigt an. Dieses Hormon versetzt das Brustdrüsengewebe in die sogenannte Sekretionsphase, worauf die Milchproduktion in Gang kommt. Durch das Saugen an der Brust tritt noch ein weiteres Hormon in Aktion: Die Hypophyse beginnt Oxytocin (3) zu bilden, das ein Zusammenziehen der Muskeln um die Milchdrüsen (4) bewirkt. Diese Muskeln schicken die Flüssigkeit durch die Milchgänge (5) in die Brustwarze, durch deren Öffnungen (6) das Kind sie aufnimmt: Der Milchflussreflex ist da.

Milcharten

Beim Stillen bekommt Ihr Baby zunächst eine fettarme, wässrig aussehende Flüssigkeit voller Vitamine und Mineralstoffe vorgesetzt, die vor allem den Durst löscht; erst nach einigen Minuten fließt dann die eigentliche, fettreichere Muttermilch. In den ersten Tagen nach Lieferung wird eine dicke gelbliche, eiweißreiche Milch produziert. Dieses sogenannte Kolostrum enthält wichtige Abwehrstoffe, die das Kind vor Infektionen schützen.

Trinkmengen

Während des Stillens und zwischen den Mahlzeiten sorgt das Prolaktin für die Produktion neuer Milch. Je häufiger das Baby trinkt, desto mehr Milch wird gebildet. Unmittelbar nach Lieferung (am besten innerhalb der ersten Stunde) ist der Hautkontakt zwischen Mutter und Kind besonders wichtig, weil er die Milchproduktion anregt. Der durchschnittliche Input eines Babys liegt in den ersten drei Lebensmonaten zwischen 300 und 600 Milliliter pro Tag, danach schwankt er zwischen 600 und 1000 Milliliter. Diese Menge bleibt nahezu konstant, bis mit dem Zufüttern begonnen wird. Die Zusammensetzung der Nahrung aber ändert sich: Die Muttermilch passt sich vollautomatisch den jeweiligen Bedürfnissen des Babys an.

Brusternährung

Muttermilch wird indirekt aus der Nahrung zubereitet, die die Mutter zu sich nimmt. Sie können ihr helfen, folgende Richtlinien zu beachten.

Die Qualität der Ernährung Ihrer Partnerin wirkt sich weniger direkt auf die Muttermilch aus, als manch einer vermutet. Die Evolution schützt das Kind vor einer Mutter, die sich – aus welchen Gründen auch immer – schlecht ernährt: Die Zusammensetzung der Milch bleibt über lange Zeit nahezu unabhängig von der Ernährung der Mutter. Erst bei einer stark unterernährten Mutter sinkt die Qualität der Muttermilch. Auf deren Geschmack und Geruch aber wirkt sich das, was sie isst, unmittelbar aus.

Schädliche Einflüsse

Das gilt jedoch nur in vernünftigen Grenzen. Einige Nahrungsmittel können – vor allem in großen Mengen genossen – die Qualität der Muttermilch durchaus beeinträchtigen.

Alkohol etwa gelangt, auch wenn nur wenig davon getrunken wird, in die Muttermilch. Untersuchungen zeigen, dass Babys weniger trinken, wenn die Milch nach Alkohol schmeckt. Ein Gläschen ab und an schadet jedoch nicht. Alkohol wird im Körper in zirka eineinhalb bis zwei Stunden pro Standardglas abgebaut, nach dieser Zeit ist er auch aus der Milch verschwunden. Will Ihre Partnerin ein Glas Wein trinken, sollte sie vorher stillen.

Koffeinhaltige Produkte wie Kaffee oder Cola können Ihr Produkt unruhig machen, wie sehr, das hängt vom Modell ab. Ein paar Tassen Kaffee pro Tag sind aber kein Problem.

Die Wirkungen anderer Nahrungsmittel wie etwa Kohl, Zwiebeln, scharfe Gewürze, Orangensaft und Schokolade sind noch wenig untersucht. Fest steht jedoch, dass es auch hier große individuelle

Unterschiede gibt. Wenn Sie selbst einen Zusammenhang zwischen einem bestimmten Nahrungsmittel und dem Auftreten von Koliken bei Ihrem Baby feststellen, sollte Ihre Frau dieses Nahrungsmittel meiden. Ungünstige Auswirkungen von Gewürzen sind nicht bekannt, bei Würzpräparaten ist jedoch Vorsicht geboten.

Ammenmärchen

»Man schlucke Regenwürmer mit Met, man verzehre die Euter von Tieren, die viel Milch liefern, oder löse die Asche einer Fledermaus oder Eule in Wasser auf und schmiere sie auf die Brüste«, so lautet ein jahrtausendealtes gallisches Ammenrezept. Doch Altweibermärchen über Substanzen, die die Milchbildung anregen, kursieren auch heute noch zuhauf. »Das ist gut für die Milch«, verkündet so manche Schwiegermutter und schenkt ihrer Tochter ein Glas dunkles Bier ein. Unnötig zu sagen, dass die Richtigkeit all dieser Ammenmärchen – einschließlich des Anistee-Mythos – durch nichts bewiesen ist.

Extra-Energie

Eine stillende Frau hat einen erhöhten Bedarf an Energie und Nährstoffen. Eine normale, abwechslungsreiche Ernährung – mit etwas mehr Brot und Obst – versorgt Ihre Partnerin mit diesen zusätzlichen Stoffen. Eine Ausnahme bildet Vitamin D. Stillt die Mutter nur wenige Wochen, ist kein zusätzliches Vitamin D nötig, bei längerer Stilldauer empfiehlt es sich, fünf Mikrogramm pro Tag einzunehmen – die darüber hinaus benötigten 2,5 Mikrogramm liefert die tägliche Nahrung –, auf Wunsch in Form eines Multivitaminpräparats. Wichtig ist außerdem, dass sie genügend trinkt: etwa zwei Liter pro Tag.

Stillen – Dichtung und Wahrheit

Dichtung: Vom Stillen bekommt meine Partnerin einen Hängebusen.
Wahrheit: Verändern die Brüste ihre Form, so geht das auf Hormonumstellungen im Körper als Folge der Montage zurück. Ob Ihre Partnerin stillt oder nicht, hat keinen Einfluss auf die Festigkeit ihrer Brüste.

Dichtung: Solange meine Partnerin stillt, hat sie keine Lust auf Sex.
Wahrheit: Wann Ihre Partnerin wieder Lust auf Sex hat, das hängt in erster Linie vom Verlauf der Lieferung, der nachfolgenden Erholung und von den veränderten Umständen ab. Das Stillen kann die Sinne sogar anregen: Das dabei freigesetzte Hormon Oxytocin spielt auch beim Sex eine wichtige Rolle.

Dichtung: Fertigmilch ist heute genauso gehaltvoll wie Muttermilch.
Wahrheit: In der Fertigmilch fehlen unter anderem die Abwehrstoffe. Stillt Ihre Partnerin nicht, ist Fertigmilch jedoch eine gute Alternative.

Dichtung: An der Brust wird das Kind nicht satt.
Wahrheit: Die Milchproduktion folgt dem Urprinzip von Angebot und Nachfrage. Wird ein Kind angelegt, sobald es trinken will, bildet der Körper auch die benötigte Milchmenge.

Dichtung: Stillen lässt sich nicht mit dem Job vereinbaren.
Wahrheit: Es geht durchaus, kann aber schwierig sein. Im Mutterschutzgesetz ist festgelegt, dass der Arbeitgeber einer Frau, die ihr Kind stillen möchte, die benötigte Zeit, mindestens jedoch zweimal täglich eine halbe oder einmal täglich eine Stunde, freigeben muss. Das Mutterschutzgesetz ist nachzulesen auf der Internetseite des Ministeriums für Familie, Senioren, Frauen und Jugend: www.bmfsfj.de. Nach Auffassung der Nationalen Stillkommission gelten die Bestimmungen auch für Frauen, die Milch abpumpen möchten.

Methodik und Frequenz

Zwischen Baby und Mutter muss ein Unterdruck entstehen, um die optimale Übertragung der Milch zu gewährleisten.

Anlegen Der Prozess, bei dem diese Verbindung zustande kommt, das sogenannte »Anlegen«, nutzt den Such-, Beiß- und Saugreflex, mit dem das Baby ausgestattet ist.

- Sorgen Sie für eine bequeme, gut gestützte Körperhaltung von Mutter und Kind. Der Kopf ist leicht aufgerichtet, damit das Baby Platz zum Suchen hat.
- Die Brustwarze stimuliert die Lippen des Kindes, sodass sich sein Mund weit öffnet – der Beißreflex wird ausgelöst. Erst dann zieht die Mutter das Baby enger an sich.
- Nach kurzen Saugbewegungen trinkt das Kind in kräftigen Zügen und legt ab und zu eine Pause ein. Dass es rhythmisch saugt und schluckt, kann man sehen und hören.
- Von einem Kribbeln beim Ansaugen in den ersten Tagen abgesehen, sollte das Stillen für die Mutter schmerzlos sein. Saugt es nicht gut, kann sie sich an eine Stillberaterin wenden.

! Gönnen Sie Ihrer Partnerin genügend Zeit und Ruhe, um Vertrauen ins Stillen zu gewinnen. Schicken Sie ungebetene Besucher notfalls in die Küche. Oder aus dem Haus.

Auf Verlangen oder nach Plan? In der ersten Hälfte des vorigen Jahrhunderts wurde den Müttern zu einem festen Still-Zeitplan geraten. Heute ist *Feeding on demand* die Norm. Rechnen Sie in den ersten Wochen mit acht bis zwölf Mahlzeiten in 24 Stunden. Wenn das Kind gut zunimmt und täglich einen Berg nasse Windeln produziert, läuft alles bestens. **Mehr Info:** www.stillen.de.

Fertigmilch

Die Rezeptur von Fertigmilch wird aufgrund neuer wissenschaftlicher Erkenntnisse ständig verändert, doch selbst mit Investitionen in Millionenhöhe ist es der Nahrungsmittelindustrie bis heute nicht gelungen, die Muttermilch nachzuahmen. Fest steht, dass mit Fertigmilch ernährte Kinder normal wachsen, die Frage bleibt jedoch, ob sie ihr körperliches, emotionales und intellektuelles Potenzial optimal entfalten. Muttermilch ist ein dynamisches Nahrungsmittel, das sich den Bedürfnissen des Kindes immer neu anpasst. Fertigmilch dagegen ist und bleibt eine statische Nahrungsquelle, deren Langzeitwirkungen noch ungeklärt sind. In der folgenden Tabelle sind die Hauptunterschiede aufgeführt:

Nährstoff	Reife Muttermilch	Fertigmilch
Fett ist ein wichtiger Nährstoff in der Muttermilch. Es besteht u. a. aus essenziellen Fettsäuren, Linolsäure, Alpha-Linolsäure und ihren Derivaten, den langkettigen, mehrfach ungesättigten Fettsäuren Arachidonsäure (AA) und Docosahexaensäure (DHA). AA und DHA sorgen als Bestandteile des Hirn- und Nervengewebes u. a. für die geistige Entwicklung.	Enthält die Omega-3-Fettsäuren DHA und AA, wichtige Baustoffe u. a. für Gehirn und Sehvermögen. Die Menge variiert während einer Mahlzeit. Reich an Cholesterin (20 mg/dl)	Enthält nicht immer DHA. Der Fettspiegel bleibt konstant. Enthält kein Cholesterin.
Eiweiße sind große Moleküle aus zahlreichen, wie an einer Perlenkette aufgereihten Aminosäuren, die zum Aufbau körpereigener Eiweiße benötigt werden. Daneben spielen Eiweiße eine wichtige Rolle bei zahlreichen physiologischen	Enthält Lactoferrin, ein Eiweiß mit antimikrobiellen Eigenschaften, das die Eisenaufnahme reguliert. Enthält Lysozym, ein Eiweiß mit antibakterieller Wirkung. Enthält Immunglobuline, darunter sIgA, das vor	Enthält kaum Lactoferrin. Enthält kein Lysozym. Enthält keine Immunglobuline.

Prozessen wie dem Schutz gegen Infektionen und der Besiedelung des Darms.	Infektionen der Luftwege und des Darms schützt.	
Kohlenhydrate sind ein wichtiger Energiespender. Oligosaccharide sind ein Komplex von Stoffen, die für eine gute Darmfunktion sorgen und vor Infektionen schützen.	Enthält sehr viele verschiedene Oligosaccharide.	Manche Marken enthalten einzelne Oligosaccharide.
Vitamine und Mineralstoffe	Enthält nur wenige Mineralstoffe, die aber sehr gut resorbiert werden. Wenig Vitamin K und D.	Mineralstoffe sind reichlicher enthalten, werden jedoch schlechter resorbiert. Ausreichend Vitamin K und D.
Hormone fördern das biochemische Gleichgewicht.	Reich an diversen Hormonen wie dem Bauchspeicheldrüsenhormon Insulin, Prolaktin und Oxytocin.	Enthält keine Hormone.
Geschmack	Variiert mit der Ernährung der Mutter: Das Baby lernt Geschmacksunterschiede kennen – ein Vorteil, wenn mit dem Zufüttern begonnen wird.	Immer gleich. Das Baby lernt nicht, dass Nahrung unterschiedlich schmecken kann.
Kosten	500 € pro Jahr (zusätzliche Nahrung für die Mutter).	Zwischen 1000 (für normale Fertigmilch) und 2000 € (für spezielle, etwa hypoallergene Babynahrung) pro Jahr.

Zusätzliche Vitamine

Muttermilch gewährleistet keine optimale Versorgung mit Vitamin K und D. Ein Mangel an Vitamin K kann Störungen der Blutgerinnung verursachen, deshalb bekommt jedes Baby nach der Geburt Vitamin-K-Tropfen. Vorsorglich sollte Ihr Kind ab der zweiten Lebenswoche zusätzlich Vitamin-D-Gaben erhalten. Besprechen Sie die genaue Dosis mit der Mütterberatungsstelle oder einem Arzt.

Die Kunst der Kunstnahrung

Fertigmilch gibt es in allen möglichen Varianten, Verpackungen und Marken. Um Ihnen – auch ohne biochemische Vorkenntnisse – eine wohlüberlegte Wahl zu erleichtern, hier eine Übersicht über die wichtigsten Unterschiede.

Fett Die Fette in der Fertigmilch bestehen aus pflanzlichen Ölen. Die mengenmäßigen Anteile dieser Öle sind von Produkt zu Produkt verschieden, bei allen aber erreicht die Zusammensetzung ein der Muttermilch vergleichbares Niveau. Die Öle liefern kein Cholesterin. Einige Marken enthalten neuerdings AA und DHA. Eine kürzlich durchgeführte Untersuchung an Achtjährigen ergab, dass Kinder, die gestillt wurden, einen höheren IQ hatten als solche, die Fertigmilch ohne Zusatz von AA und DHA erhielten. Gestillte Kinder erreichten auf der IQ-Skala acht bis neun Punkte mehr, auch nach Bereinigung der Untersuchungsdaten um Faktoren wie Bildungsstand und Einkommen der Eltern. Die Erklärung für diese Intelligenzunterschiede sucht man vor allem in der DHA. Bis vor Kurzem glaubten Wissenschaftler, Babys könnten aus anderen Fettsäuren selbst ausreichend DHA bilden, diverse Untersuchungen zeigen jedoch, dass mit Fertigmilch ernährte Kinder nicht die gleichen DHA-Niveaus aufweisen wie gestillte Kinder. Seit einigen Jahren wird zwischen staatlichen Stellen und Herstellern künstlicher Säuglingsmilch darüber diskutiert, ob und wie die DHA der Fertigmilch zuzufügen sei. Das amerikanische Unternehmen Martek Biosciences hat ein patentiertes Verfahren zur Herstellung einer DHA entwickelt, die der in der Muttermilch enthaltenen sehr nahe kommt. Einige Marken verwenden sie bereits.

Mehr Info: www.askdrsears.com: Internetseite des Kinderarztes William Sears, der sich eingehend mit dem Thema befasst hat.

Eiweiß Die Hauptunterschiede finden sich im Verhältnis von Kasein und Molke-Eiweiß. In der Muttermilch beträgt dieses Verhältnis meist 40 : 60, mitunter auch 20 : 80. Die meisten Fertigmilchen enthalten Eiweiße im selben Verhältnis, zumindest laut Packungsangabe. Ob sie nach dem Erwärmen auch in diesem Verhältnis ins Blut des Babys gelangen, ist ungewiss.

Kohlenhydrate Die häufigste Kohlenhydratquelle in Fertigmilch ist Laktose. Einige Marken setzen noch Maltodextrin zu, einen aus Malz gewonnenen Zucker.

Vitamine Der Gehalt an Vitaminen und Mineralstoffen ist in jeder Fertigmilch gleich – er ist gesetzlich vorgeschrieben.

Grundstoffe Wenn in früheren Zeiten eine Mutter nicht stillen konnte und das Geld für eine Amme fehlte, wurde das Kind direkt am Euter eines Säugetiers angelegt. Neben Ziegen und Kühen wurden besonders Eselinnen bevorzugt, weil deren Milch in ihrer Zusammensetzung der Muttermilch am ähnlichsten ist. Heute wird fast nur noch Kuhmilch als Grundstoff verwendet, vor allem, weil sie im Überfluss zur Verfügung steht. Die industrielle Erzeugung von Fertigmilch begann Ende des 19. Jahrhunderts. Alle Fertigmilchen müssen den in der EU-Richtlinie für Säuglingsanfangs- und -folgenahrung festgelegten Anforderungen aus dem Jahr 2006 genügen.

Krämpfe Da sich der Magen-Darm-Trakt erst an die Verarbeitung der Nahrung gewöhnen muss, leiden fast alle Babys irgendwann an Darmkrämpfen. Experimentieren Sie dann nicht gleich mit Spezialnahrung – Koliken sind etwas ganz Normales.

Folgemilch Der Bedarf an Nährstoffen – speziell Eiweißen, Kalzium und Eisen – nimmt nach einem halben Jahr zu. Folgemilch ist eine angereicherte Anfangsmilch, die für Flaschenbabys nach dem sechsten Monat empfohlen wird. Gestillte Kinder brauchen keine Folgemilch: Die zusätzlichen Nährstoffe liefert die Beikost, die Sie um diese Zeit einführen.

Spezielle Fertigmilch

Soja Greifen Sie zu dieser Fertigmilch nur, wenn der Arzt oder die Mütterberatungsstelle es verordnet. Eine Kuhmilchallergie ist ein häufiger, aber kein triftiger Grund für diesen Schritt. Etwa die Hälfte der Kinder, die Kuhmilch nicht vertragen, reagiert genauso allergisch auf Sojamilch.
Laktosefreie Fertigmilch Sie kann verschrieben werden, wenn Ihr Baby Anzeichen einer Milchzucker-Unverträglichkeit zeigt, zum Beispiel Blähungen, Durchfall, Ausschlag im Afterbereich und extreme Darmkrämpfe. In seltenen Fällen (einem von 65 000) fehlt dem Baby das Enzym zur Verarbeitung von Milchzucker; auch dann ist laktosefreie Fertigmilch eine Lösung. Die Laktose wird darin durch eine andere Zuckerart ersetzt, Maissirup etwa oder Saccharose. Die Kombination von Eiweißen und Fetten entspricht der in normaler Fertigmilch.
Hypoallergene Fertigmilch Sie wird für Babys mit einer Überempfindlichkeit, meist gegen ein bestimmtes Eiweiß in der Fertigmilch, verschrieben. In hypoallergener Säuglingsmilch sind die Labfermente von Kasein und Molke-Eiweißen weiter reduziert und so verdaulich wie möglich gemacht. Darunter leidet allerdings der Geschmack. Trotz Zugabe von Süßstoffen schmeckt diese Milch bitter und salzig (sie enthält 30 bis 90 Prozent mehr Salz als gewöhnliche Fertigmilch). Zudem enthalten manche dieser Produkte aufgrund des Herstellungsprozesses keine Laktose, ein Umstand, dem mit Kohlenhydraten wie Maissirup, Saccharose und mitunter auch Tapioka abgeholfen wird. Nur auf ärztlichen Rat verwenden.
Verpackung Kartons mit Fertigmilch für jeweils eine Mahlzeit: praktisch für unterwegs, aber teuer; erhältlich unter anderem mit 200 oder 500 Milliliter. Daneben gibt es Dosen mit konzentriertem Pulver, das man mit Wasser anrührt. Manche dieser Dosen haben mehrere Abteilungen, für jede Mahlzeit eine. Packen Sie eine Thermosflasche mit (steri-

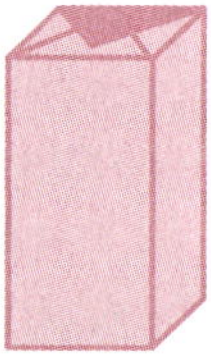

lisiertem) heißem Wasser ein, und Sie können mit Ihrem Baby losziehen.

Geschüttelt, nicht gerührt!

Benötigt werden: Getränkekenntnisse, praktische und soziale Fertigkeiten sowie Geduld mit anspruchsvollen Kunden, Fläschchen, Sauger, ein sauberer Messlöffel, frisches Milchpulver und ein Flaschenwärmer.

Und so wird's gemacht:

- Waschen Sie sich die Hände.
- Mischen Sie mithilfe eines Thermometers fließendes warmes mit kaltem Wasser auf eine Temperatur von 37 °C. (Sie können die benötigte Wassermenge auch abkochen und dann auf 37 °C abkühlen lassen, das muss aber nicht sein).

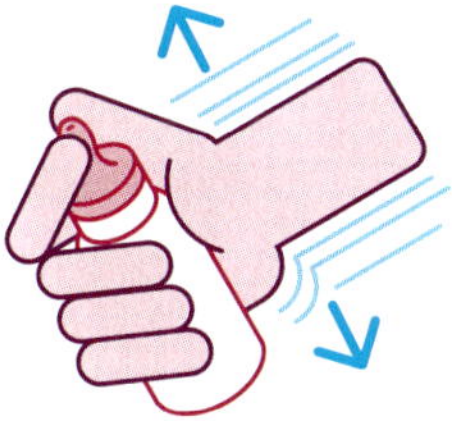

- Füllen Sie das Wasser langsam in die Flasche.
- Nehmen Sie ungefähr einen gestrichenen Messlöffel Milchpulver auf 30 Milliliter Wasser (genaue Angaben auf der Packung).
- Geben Sie die gewünschte Menge in die Flasche.
- Drehen Sie den Sauger auf die Flasche, halten Sie die Öffnung mit zwei Fingern zu und … schütteln Sie! So lange, bis sich das Pulver aufgelöst hat. Schaum sollte nicht entstehen, das geht auf Kosten des Geschmacks.

- Prüfen Sie die Temperatur, indem Sie einige Tropfen auf die Innenseite Ihres Handgelenks schütteln. Die Milch darf etwas mehr als Körpertemperatur haben. Halten Sie die Flasche gegebenenfalls zum Abkühlen unter fließendes kaltes Wasser.
- Kochen Sie Flaschen und Sauger nach Gebrauch gründlich aus.

An der Flasche

Ob Sie Ihrem Produkt von der Herstellerin produzierten und zwischengelagerten oder von Ihnen geschüttelten industriell gefertigten Input anbieten – die Vorgehensweise ist dieselbe.

- Bringen Sie den Sauger mit warmem Wasser auf Körpertemperatur.
- Nehmen Sie das Baby auf den Schoß. Sein Köpfchen sollte bequem in Ihrer Armbeuge liegen, in einer Linie mit dem übrigen Körper.
- Aktivieren Sie den Beißreflex: Streichen Sie dem Baby mit dem Finger über die Wange. Es dreht den Kopf dann auf diese Seite und öffnet den Mund.
- Schieben Sie dem Baby den Sauger zum (weichen!) Gaumen hin in den Mund. Achten Sie darauf, dass der Mund den Sauger ganz umschließt.

- Halten Sie die Flasche schräg, sodass die Milch den Sauger vollständig ausfüllt. Es darf keine Luft hineingelangen.

- Unterbrechen Sie das Füttern nach fünf bis zehn Minuten. Heben Sie das Baby an Ihre Schulter und massieren und klopfen Sie sanft seinen Rücken. Nach einigen Minuten entweicht die eingesaugte Luft als Bäuerchen. Auch ein gestilltes Kind muss aufstoßen, wenn es die Brustwarze noch nicht so umschließen kann, dass es beim Trinken keine Luft mitschluckt.

- Füttern Sie nun weiter, bis das Baby zu trinken aufhört. Drängen Sie es nicht, die Flasche leer zu trinken. Als Dessert darf es noch ein bisschen am Sauger nuckeln, dann ist wieder ein Bäuerchen fällig.

- Da die Magenklappe noch nicht richtig schließt, kann beim Aufstoßen etwas Milch mit hochkommen. Viele Kinder trinken mehr, als sie bewältigen können.

- Die Öffnungen im Sauger können zu groß oder zu klein sein. Wenn Ihr Baby spuckt oder sich mit einem Mund voll Milch abmüht, sind sie zu groß. Saugt es die Wangen nach innen, sind die Öffnungen zu klein. Kontrollieren Sie die Durchflussgeschwindigkeit, indem Sie die Flasche mit dem Sauger nach unten halten: Die Milch muss mit einigen Tropfen pro Sekunde austreten.

- Übrig gebliebene Milch immer wegschütten.

Beikost

Bis zum Alter von sechs Monaten braucht das Produkt in der Regel keinen anderen Input als Muttermilch. Danach nimmt sein Bedarf an Nährstoffen so stark zu, dass das Stillen nicht mehr ausreicht und feste Nahrung zugefüttert werden muss.

Auch für die Entwicklung der Mundfunktion ist das in diesem Alter wichtig.

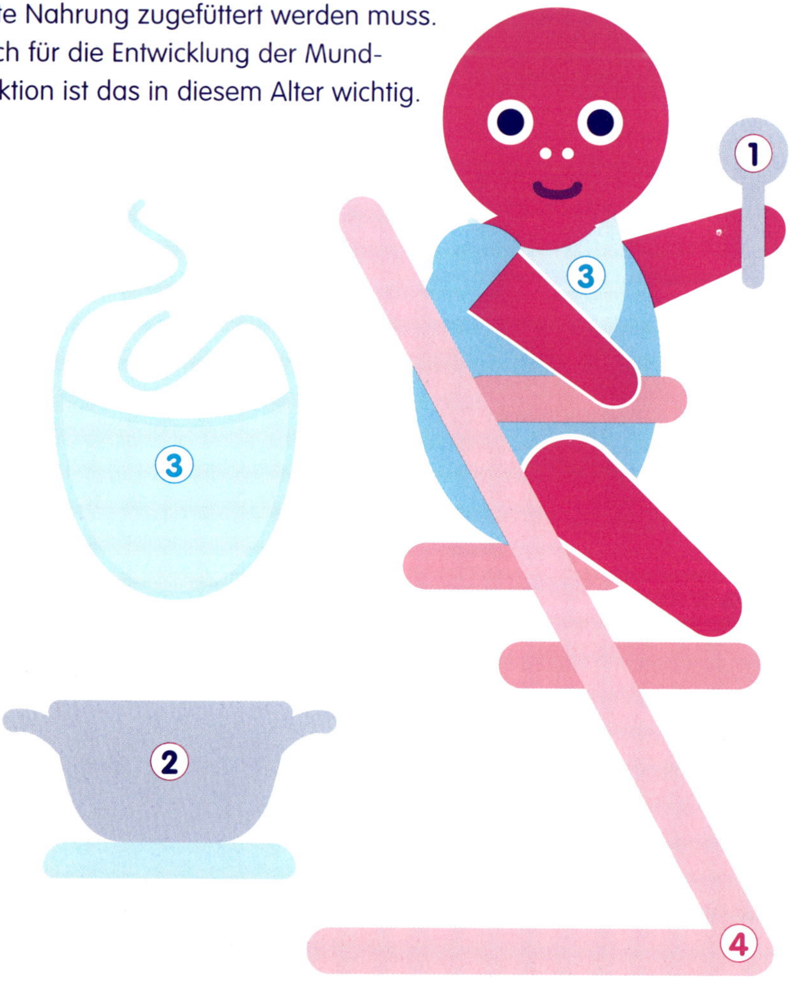

Abstillen

Wenn die Mutter mit dem Stillen aufhören möchte, beginnt die Entwöhnung: Das Baby wird von der Brust entwöhnt – nicht zu verwechseln mit der Entwöhnung vom Flaschensauger. Das Abstillen erfolgt nach dem Prinzip von Angebot und Nachfrage: Wird das Kind seltener angelegt, geht die Milchproduktion automatisch zurück.

Zufüttern

Benötigt werden: ein kleiner Plastiklöffel (1), passend für die Mundöffnung, eine schlagfeste Schale (2), ein Lätzchen (3), ein stabiler Hochstuhl (4), mit dem Sie die Bewegungen des Babys minimieren können. Bieten Sie zu Beginn nur einmal am Tag feste Nahrung an, nicht als komplette Mahlzeit, sondern mehr als praktische Übung. Nimmt das Baby die Beikost an, kann eine Brust- oder Flaschenmahlzeit wegfallen. In den ersten Monaten nach Einführung der Beikost bleibt Mutter- oder Fertigmilch jedoch weiterhin die Hauptnahrungsquelle.

Grundprinzipien für die Einführung von Beikost:

- Beginnen Sie mit Obst- oder Gemüsebrei.
- Steigern Sie nach und nach die Konsistenz: von glatt auf gröber püriert, von zerdrückt auf »normal«.
- Steigern Sie allmählich den Gehalt an Ballaststoffen, von hellbraunem Brot auf Vollkornbrot.

Und so wird gefüttert:

1. Bereiten Sie die warme Mahlzeit zu.

2. Setzen Sie das Baby aufrecht und binden Sie ihm ein Lätzchen um.

3. Schieben Sie ihm einen halben Löffel voll in den Mund. Das Baby streckt möglicherweise die Zunge heraus und versucht zu saugen.

4. Wiederholen Sie Ihr Angebot immer wieder.

5. Fassen Sie sich in Geduld und sparen Sie bei erfolgreicher Ausführung nicht mit Lob.

6. Sorgen Sie dafür, dass das Essen während des Fütterns warm bleibt. Kontrollieren Sie dazu regelmäßig die Temperatur.

Andere Beikost einführen

Da das Kind noch nicht kauen kann, müssen Sie die Mahlzeit entsprechend zubereiten. In früheren Zeiten kauten Vater oder Mutter das Essen vor und beförderten es dann per Fütterkuss in den Mund des Kindes. In Entwicklungsländern ist das bis heute allenthalben zu beobachten. Bei uns kommen elektrische Püriergeräte zum Einsatz.

Obst

Zerdrücken Sie das Obst mit einer Gabel. Gehen Sie vor wie in Schritt 2 bis 5 beschrieben. Beginnen Sie mit Banane oder Birne und erweitern Sie das Angebot nach und nach. Lassen Sie sich Zeit mit Pflaumen.

Gemüse

Garen Sie das Gemüse und pürieren Sie es zu einem Brei. Gehen Sie vor wie in Schritt 2 bis 6 beschrieben. Beginnen Sie mit Blumenkohl, Karotten oder Kartoffeln und erweitern Sie das Angebot nach und nach. Lassen Sie sich Zeit mit anderen Kohlsorten.

! Vom neunten Monat an brauchen Sie die Nahrung nicht mehr so fein zu pürieren: Das Baby soll zum Kauen ermuntert werden.

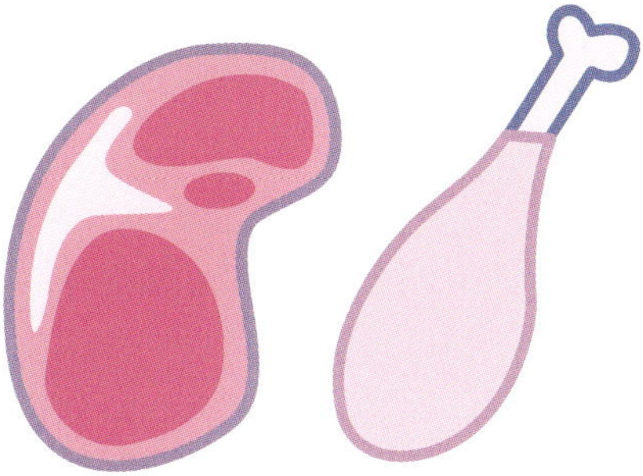

Fleisch und Geflügel

Garen Sie das Fleisch und pürieren Sie es. Gehen Sie vor wie in Schritt 2 bis 6 beschrieben. Sie können Huhn, Rind oder Schwein auftischen.

Fisch

Garen Sie den Fisch und pürieren Sie ihn. Gehen Sie vor wie in Schritt 2 bis 6 beschrieben. Geeignet sind sowohl weißer Fisch (Kabeljau oder Schellfisch) als auch »fetter« Fisch (Lachs, Thunfisch). Denken Sie an die Gräten!

Snacks

Brotkruste oder Keks für zwischendurch.

!

- Lassen Sie Ihr Kind immer nur mit einem einzigen neuen Nahrungsmittel Bekanntschaft machen. Notieren Sie sich seine Reaktion, um eventuelle allergische Reaktionen festzuhalten.
- Nehmen Sie den Löffel nicht selbst in den Mund.

Mehr Info: www.daskochrezept.de bietet unter der Rubrik »Geschmackssache« eine große Anzahl an Rezepten.
Auch www.hosenscheisser.de hat eine gute Auswahl.

Fakten für Babymanager

- Die Frage, ob eine Mutter stillen sollte, ist so alt wie die Angst des Mannes, ihre Brüste könnten dadurch ihre Festigkeit einbüßen – uralt also. In den besseren Kreisen Europas war es bis zu Beginn des 20. Jahrhunderts üblich, Säuglinge von einer Amme nähren zu lassen. Im alten Rom kaufte ein junger Vater auf einem besonderen Markt eine Sklavin, die kurz vor ihrer Niederkunft stand, ein Pariser Patrizier des 17. Jahrhunderts suchte sich eine kräftige Amme auf dem Land. Viele Kinder sahen ihre Eltern erst mit drei Jahren wieder, wenn sie von ihrem Aufenthalt bei der Amme zurückkehrten. Ammen mussten sich streng nach Plan ernähren (viel weiches Lammfleisch), ein geregeltes Leben führen und bestimmte Übungen machen, um ihre Brüste in Form zu halten.
- Kritische Tage sind (außer denen, an denen Ihnen Ihr Terminkalender im Nacken sitzt) solche, an denen sich der Mahlzeitenrhythmus Ihres Babys ändert. Die Folge: Es weint, es will nicht trinken – oder ständig trinken.
- Wenn die Milchproduktion einsetzt, kann es bei Ihrer Partnerin zu einem Milchstau kommen. Zeigen Sie Verständnis und reichen Sie ihr vor allem kalte Waschlappen. Oder, noch praktischer: Reichen Sie ihr so oft wie möglich das Baby, denn häufiges Stillen wirkt Wunder.
- Wenn die Mutter angespannt ist, friert oder Schmerzen hat, kann der Milchflussreflex ausbleiben. Sobald sie sich jedoch entspannt (etwa durch eine Brustmassage, eine warme Dusche oder ein warmes Getränk), stellt er sich in der Regel wieder ein. Der Milchflussreflex wird übrigens nicht nur durch das Saugen ausgelöst. Auch wenn die Mutter nur an das Baby denkt oder wenn sie es weinen hört, kann schon Milch austreten.
- Zwischen dem Fehlen von Cholesterin in der Fertigmilch und dem Cholesterinspiegel Erwachsener scheint ein Zusammenhang zu

bestehen. Da Fertigmilch kaum Cholesterin enthält, muss der Körper es selbst produzieren. Diese »Justierung« des Körpers führt später zu einem erhöhten Cholesterinspiegel. Umgekehrt bewirkt der hohe Cholesteringehalt in der Muttermilch, dass der Körper nicht selbst in Aktion treten muss. Erwachsene, die gestillt worden sind, haben deshalb einen niedrigeren Cholesterinspiegel.

- Fast alle Mütter können nach Lieferung stillen. Bei nicht einmal zwei Prozent der Frauen stehen körperliche Ursachen dem Stillen im Weg. Dennoch entscheidet sich eine von zehn Müttern von Anfang an für Fertigmilch. Nach vier Monaten stillen nur noch 40 Prozent und nach sechs Monaten nur noch 20 Prozent ihr Kind ausschließlich. Besonders in den skandinavischen Ländern wird mehr und länger gestillt. In Schweden werden etwa 80 Prozent der Kinder drei Monate lang gestillt, unter anderem dank des langen Mutterschaftsurlaubs, der schwedischen Müttern gewährt wird. Kinder, die so lange an der Brust trinken dürfen, wie sie wollen, hören gewöhnlich im Alter von drei bis vier Jahren damit auf.
- Sie können die Muttermilch auch in der Mikrowelle warm machen. Damit sich die Wärme gleichmäßig verteilt, sollten Sie die Flasche nach der Hälfte der Zeit und am Ende kurz schütteln. Kontrollieren Sie vor dem Füttern die Temperatur: In der Mikrowelle wird der Inhalt der Flasche wärmer als die Flasche selbst, die Milch kann also zu heiß sein, ohne dass Sie es merken.

Mehr Info: www.dge.de ist eine Anlaufstelle für alle Fragen rund um Ihr Produkt in puncto Ernährung, Pflege, Finanzen, Reisen und vielem mehr. Zahlreiche Experten (Ärzte, Hebammen, Ernährungsberater und andere) stehen zudem zur Verfügung, um Ihre Fragen zu beantworten. In der Rubrik »Stillen« finden Sie unter anderem

- Basisinformationen
- Tipps zur Ernährung Ihrer Partnerin in der Stillzeit
- Tipps zum Anlegen und zur Brustpflege.

Output

5 Output

Arbeitsplatz

Richten Sie sich zur Entsorgung des Outputs einen zweckmäßigen Arbeitsplatz ein. Mittelpunkt Ihres Arbeitsplatzes ist die Workstation, auch bekannt unter der Bezeichnung *Wickelkommode, Wickeltisch* oder – für Nostalgiemodelle – *Wäschekommode*. Sie können Ihre Workstation selbst bauen oder kaufen. Es gibt sie in allen möglichen Ausführungen, vom platzsparenden ausklappbaren Wandwickeltisch über die Badkommode mit integrierter Wickelauflage und Babybadewanne bis hin zum klassischen Möbelstück.

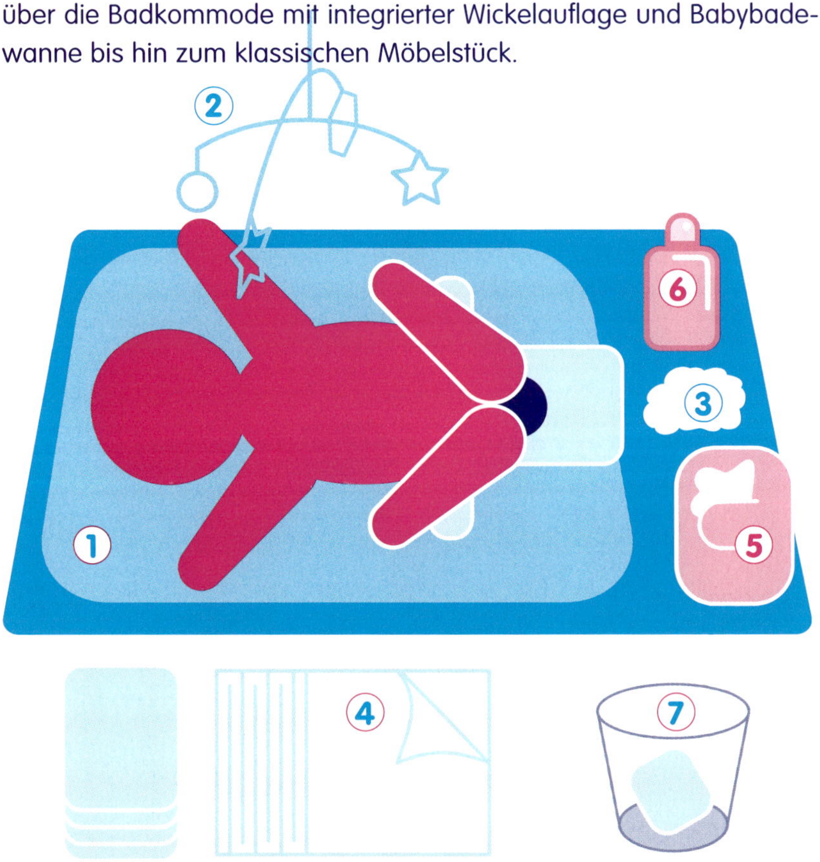

Maße

Die Arbeitsplatte der Workstation sollte mindestens 75 Zentimeter breit und 65 Zentimeter tief sein, die Arbeitshöhe sollte 90 bis 105 Zentimeter betragen. Die Platte muss ein paar Zentimeter vorstehen, sodass Sie sich ganz nah dranstellen können, ohne sich Ihre Zehen am Möbel zu stoßen.

Sicherheit

Eine sichere Workstation ist glatt verarbeitet und 100-prozentig standfest, auch wenn Schubladen oder Türen offen stehen. Hinten und an den Seiten hat sie einen hochstehenden Rand. Stellen Sie die Workstation niemals in die Nähe eines Heizgeräts. Entfernen Sie Gegenstände wie Griffe, Haken oder Vorhangschnüre, an denen sich das Baby festklammern könnte, aus unmittelbarer Nähe. Workstations, die der europäischen Norm für Wickeltische genügen, tragen die Kennzeichnung EN 1221. Lassen Sie das Kind auf dem Wickeltisch nie allein.

Materialien

Die Wickelauflage (1) sollte mit Schaumstoff gefüllt sein und erhöhte Seitenränder haben. Hängen Sie ein Mobile (2) über die Arbeitsplatte, um das Baby abzulenken. Halten Sie folgende Gegenstände bereit: Pflegetücher (allerdings erst wenn das Baby vier Wochen alt ist; die meisten Feuchttücher enthalten Alkohol, der die Haut des Neugeborenen austrocknen kann), Watte (3), dünne Baumwollhandtücher (4), eine Schachtel Papiertücher (5), Babyöl oder -creme (6) und einen ordentlichen Windelvorrat. Rechnen Sie für die gesamte Wickelperiode mit einem durchschnittlichen Verbrauch von 4500 Windeln. Schmutzige Windeln werfen Sie in einen Windeleimer (7). Gerüche kann ein Windeleimer-Deo bekämpfen. Es gibt auch Windeleimer, die volle Windeln automatisch in antibakterielle Plastikfolie verpacken.

Entsorgungsmaterial

Den Output fängt eine flexible Hülle auf, die um den Po Ihres Produkts gebunden wird. Sie haben die Wahl zwischen Wegwerf- und Stoffwindeln.

Wegwerfwindel

Einteilige Hülle aus Zellstoff, chemischen Substanzen und Erdölprodukten. Auch als (Bade-)Höschen erhältlich.

Stoffwindel

In mehreren Ausführungen zu haben: zweiteilig (saugende Windel – als rechteckiges Tuch oder vorgeformt – und Höschen), als All-in-One (AIO) oder als Pocketwindel (ähnlich einer AIO, nur dass eine Saugeinlage in eine Tasche eingeschoben wird). Gründen Sie Ihre Wahl auf die Angaben in folgender Tabelle:

Wegwerfwindeln	Stoffwindeln
• Teuer	• 25 bis 50 % billiger
• Nur einmal verwendbar: sehr hohe Umweltbelastung	• Vielfach verwendbar: geringe Umweltbelastung
• Die Fäkalien – womöglich mit Bakterien – landen im Hausmüll	• Fäkalien werden in die Toilette gespült und landen im Abwasserkanal
• Enthalten Spuren von Dioxin mit unbekannten Langzeitrisiken für das Kind	• Gebleichte Stoffwindeln enthalten Spuren von Dioxin, die ungebleichte (Öko-)Variante nicht
• Höhere Umweltbelastung bei der Herstellung	• Bei der Baumwollproduktion kommen Pestizide und andere Chemikalien zum Einsatz. Die unschädliche Alternative: Windeln aus organischer (Öko-)Baumwolle
• Enthalten superabsorbierende Polymere	
• Möglicher Zusammenhang mit asthmatischen Beschwerden durch Freisetzung flüchtiger Stoffe	• Keine Freisetzung von Stoffen, die asthmatische Beschwerden auslösen können
• Können Sauberkeitstraining verzögern	• Sauberkeit wird im Durchschnitt fünf bis neun Monate früher erreicht

Entsorgung

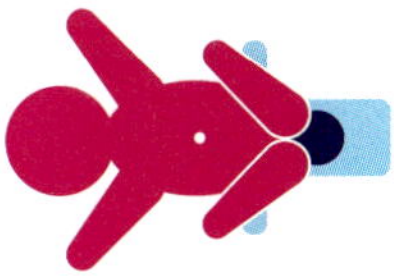

So entfernen Sie den Output Ihres Babys:

1. Waschen Sie sich die Hände.

2. Tränken Sie einen Wattebausch mit handwarmem Wasser. Praktischer sind Reinigungstücher. Keine Seife verwenden!
3. Legen Sie das Baby auf den Rücken und lösen Sie die Windel.
4. Ist die Windel nur nass, fahren Sie fort mit Schritt 8.
5. Ziehen Sie das Baby ganz behutsam an den Füßen hoch.

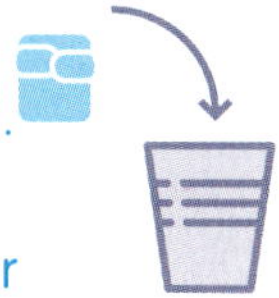

6. Jungen: Wischen Sie von unten nach oben. Mädchen: Wischen Sie von oben nach unten (das verringert die Gefahr einer Vaginalinfektion). Achten Sie darauf, dass kein Stuhl im Vaginalbereich zurückbleibt. Ziehen Sie die Schamlippen nicht auseinander.
7. Werfen Sie die schmutzige Windel weg.
8. Reinigen Sie den Windelbereich des Babys mit einem weichen, in warmes Wasser getauchten Waschlappen. Spülen Sie den Waschlappen immer wieder aus.
9. Trocknen Sie Hautfalten, Leistenbeugen und Po durch Wedeln mit einem Handtuch oder mit einem Föhn. Achtung: Babys können vor dem Geräusch erschrecken. Und: Den Föhn nicht zu heiß einstellen!

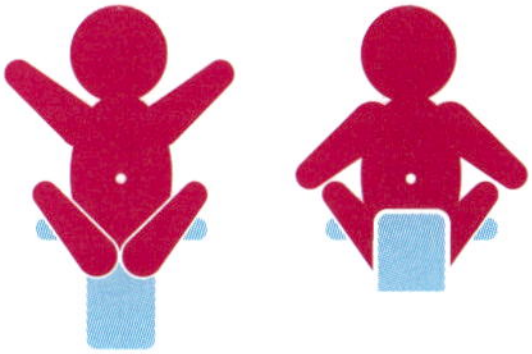

10. Falten Sie die frische Windel ganz auseinander und schieben Sie sie mit dem Verschluss nach vorn unter das Baby.
11. Zentrieren Sie das Baby auf der Windel.
12. Ziehen Sie die Windelvorderseite zwischen den Beinen nach oben. Jungen: Der Penis muss nach unten zeigen.
13. Drücken Sie die Seitenteile an.
14. Schließen Sie die Windel um die Taille. Lassen Sie zwischen Bauch und Windel ein bis zwei Fingerbreit Platz. Schließen Sie die Windel nicht über dem Nabelstumpf.

Output-Statistik Frequenz, Farbe, Gewicht und Konsistenz des Outputs sind wichtige Indikatoren für das Funktionieren Ihres Produkts. Der wahre Babymanager kopiert sich diese Seite und trägt die entsprechenden Daten ein.

Tag	Zeit	Gewicht	Farbe	Konsistenz
Montag				
Dienstag				
Mittwoch				
Donnerstag				
Freitag				
Samstag				
Sonntag				

Zeit Der Output wird durch den Magen-Darm-Reflex erzeugt: Wenn sich der Magen füllt, gerät der Dickdarm in pulsierende Bewegungen. Das Durchschnittsbaby entleert sich mehrmals täglich; manche Babys scheiden den Abfall auch nach jeder Mahlzeit aus, andere wiederum können ihn ein bis zwei Tage zurückhalten. Urin wird im Mittel 15-mal am Tag ausgeschieden. Produziert das Baby weniger als vier bis fünf nasse Windeln pro Tag, bekommt es zu wenig Flüssigkeit.

Gewicht Mit einer genau anzeigenden Waage können Sie den Output wiegen, das liefert einen verlässlichen Hinweis auf den zuvor verzehrten Input.

Farbe In den ersten Tagen nach der Geburt ist der Output dunkelgrün bis schwarz. Der erste Stuhl, *Mekonium* oder auf gut Deutsch *Kindspech* genannt, besteht aus Schleim und Darmschleimhautzellen, die sich während der Montage im Darm angesammelt haben. Die dunkle Farbe entsteht durch Galle. Die zähe, schwer zu entfernende Masse wird oft während oder kurz nach der Geburt ausgeschieden und ist mitunter sogar im Fruchtwasser enthalten (ein Hinweis auf Sauerstoffmangel). Innerhalb weniger Tage geht das Baby zu einem entsorgungsfreundlicheren Abfallprodukt über. Je nach Ernährung verändert sich dessen Farbe zu Senfgelb (Stillen) oder Braun (Anfangsmilch). Nach Einführung der Beikost richtet sich die Farbe auch nach der verzehrten Nahrung.

Konsistenz Der Output gestillter Babys ist fest und breiig. Fertigmilch erzeugt einen cremigen Output. Klumpige Konsistenz kann auf eine Verdauungsstörung hindeuten, dünner, übel riechender Stuhl auf eine Infektion. Schleim kann ein Zeichen für einen gereizten Darm sein, der häufig mit Durchfall einhergeht. Blut geht meist auf durch harten Stuhl verursachte Afterrisse zurück. Wenden Sie sich in diesem Fall an Ihren Arzt. Sobald Sie feste Kost zufüttern, können sich unverdaute Speisereste im Stuhl finden.

Fakten für Babymanager

- Windelausschlag kann in der Aftergegend und den Leistenbeugen in Form von Rötungen, Flecken und Bläschen entstehen. Ursache sind Bakterien, die über die Windel oder den Darm eine Ammoniakverbindung mit dem Urin eingehen. Behandlung: häufiger Windelwechsel (alle zwei bis drei Stunden) und Einschmieren mit Zinksalbe. Windelausschlag scheint bei Gebrauch von Wegwerfwindeln häufiger vorzukommen. Bei anhaltenden Beschwerden wenden Sie sich an den Arzt.

- Allein die eifrigen Babys Deutschlands produzieren pro Jahr 340 Millionen Kilo Windelabfälle, das sind vier Prozent des gesamten Hausmülls. Zur Entsorgung dieser Berge richten immer mehr Gemeinden Sammelstellen ein (oft bei den Wertstoffhöfen), an denen Eltern schmutzige Windeln abgeben können. Die Windeln werden dann zur Firma Knowaste in Arnheim, Niederlande, gebracht, die sie seit 1999 zu Materialien wie Papier und Plastik verarbeitet, oder zum »Windel-Willi« im Bodenseekreis, einem Verbrennungsofen, der mit der gewonnenen Energie Dampfanlagen versorgt. **Mehr Info:** www.knowaste.com und www.stiftung-liebenau.de.

- Eine Windel ist nicht so harmlos, wie es scheint. Das geradezu blendende Weiß einer Wegwerfwindel entsteht durch einen intensiven Bleichprozess und den Zusatz von Weichmachern, wobei als Nebenprodukt das giftige Dioxin entsteht. Ihre hohe Saugfähigkeit verdankt die Windel der Polymerverbindung Sodium-Polyacrylat. Dieser hochgiftige Stoff (injiziert man ihn Ratten, kann er zu Herzversagen und zum Tod führen) kann an den Genitalien des Babys haften bleiben und allergische Reaktionen auslösen. Seit 1985 darf Sodium-Polyacrylat nicht mehr für Tampons verwendet werden. Für die antibakteriellen Eigenschaften einer Windel sorgt unter anderem der Zusatz von TBT (Tributylzinn), das von der WHO als eine der giftigsten in Verbrauchsgütern enthaltenen Substanzen eingestuft wird. TBT kann auch in niedrigen Konzentrationen das Immun- und das Hormonsystem beeinflussen. Einige Wissenschaftler bringen diese Stoffe und die Parfüms in Windeln mit asthmatischen Beschwerden in Verbindung, die bei Kindern seit einigen Jahrzehnten immer häufiger auftreten. 1999 wurden in einer Aufsehen erregenden Untersuchung Labormäuse in einen geschlossenen Raum mit drei Wegwerfwindeln und einer Stoffwindel bekannter Marken gesetzt. Substanzen aus einigen der Windeln vermischten sich mit der Luft und verursachten bei den Tieren Augen-, Nasen- und Halsreizungen, in einigen Fällen vergleichbar mit einem Asthmaanfall. Unter den flüchtigen Gasen waren unter anderem Toluol, Xylen, Ethylbenzol und Styrol. Die Stoffwindel und zwei der Wegwerfwindeln, darunter eine umweltfreundliche, verursachten keine oder kaum Atembeschwerden. In der Toxikologie werden Mäuse als Versuchstiere verwendet, weil man vermutet, dass die bei ihnen gemessenen Wirkungen ähnlich – wenn auch nicht identisch – beim Menschen auftreten. Den Forschern zufolge sind noch weitere Studien nötig, um festzustellen, ob tatsächlich ein Zusammenhang zwischen dem Tragen bestimmter Wegwerfwindeln und dem Auftreten von Atembeschwerden nachgewiesen werden kann. (Übrigens sind giftige Stoffe – oft als Rückstände – in zahlreichen Verbrauchsgütern enthalten, so etwa in Sportshirts, Putzmörtel, Monatsbinden und aufblasbaren Schwimmhilfen aus weichem PVC.).

- Eine andere, im Jahr 2000 an der Universität Kiel durchgeführte Untersuchung warf ebenfalls einen Schatten auf die jungfräulich weiße Wegwerfwindel. Ein Ärzteteam meinte, dass die immer häufiger auftretende Unfruchtbarkeit bei Männern möglicherweise auf Wegwerfwindeln zurückzuführen sei. Die Vergleichsstudie an Babys von null bis vier Jahren ergab, dass die Temperatur des Skrotums bei Jungen, die Wegwerfwindeln tragen, um ein Grad höher liegt als die Körpertemperatur. Bei Jungen mit Stoffwindeln war der Temperaturanstieg wesentlich geringer. Die Temperatur der Testikel muss niedriger sein als die Körpertemperatur. Die Sperma produzierenden Zellen sind in den ersten beiden Lebensjahren zwar noch nicht aktiv, für ihre Entwicklung aber ist die Temperatur von entscheidender Bedeutung. Auch die Kieler Wissenschaftler fordern weitere Untersuchungen. Nach Aussagen der Gesundheitsbehörden besteht jedoch, was die Gesundheitsrisiken von Wegwerfwindeln anbelangt, kein Grund zur Besorgnis. Wenn Sie auf Nummer sicher gehen wollen, nehmen Sie besser Stoffwindeln.

Marketing

6 Marketing

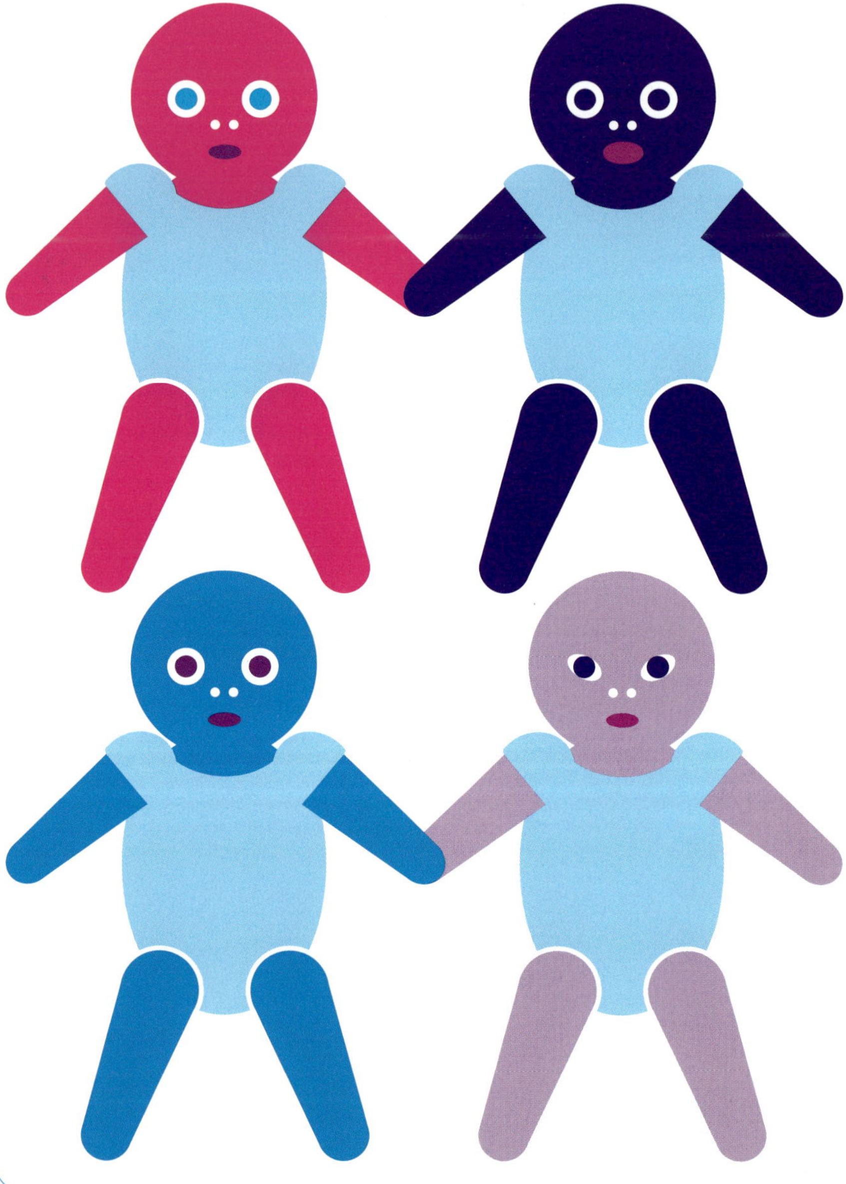

Umfang und Merkmale des Marktes

Sie lancieren Ihr Produkt auf einem Markt, der weltweit von heftiger Konkurrenz und stürmischem Wachstum gekennzeichnet ist.

Wettbewerbsanalyse

Ihr Produkt ist nicht einmalig. Von 50 000 vor Christus, als der Homo sapiens auf der Bildfläche erschien, bis 1995 sind schätzungsweise 100 Milliarden Babys lanciert worden. Die heutige Weltbevölkerung entspricht sechs Prozent aller Menschen, die je gelebt haben. Die Herausforderung besteht darin, auf diesem uralten, aber höchst dynamischen Markt Ihre Wettbewerbsposition zu bestimmen. Der Schlüssel dazu ist die TFR (Total Fertility Rate), die »Fruchtbarkeitsziffer«, also die durchschnittlich von einer Frau gelieferte Anzahl Babys. Eine TFR von 2,1 gilt als Ersatzkoeffizient: Bei diesem Wert bleibt die Bevölkerungszahl eines Landes konstant, sofern man starke Verschiebungen der Migrationsströme außer Acht lässt. Liegt die TFR über 2,1, nimmt die Konkurrenz für Ihr Produkt zu, liegt sie darunter, nimmt die Konkurrenz ab. Und so sieht die TFR-Prognose für den Weltmarkt aus:

Region	1990	2000	2010	2025	
Welt	3,4	2,8	2,5	2,3	(TFR)
Entwicklungsländer	4,7	3,1	2,7	2,4	
Entwickelte Länder	1,9	1,6	1,7	1,7	

Quelle: United Nations Population Division und U.S. Census Bureau

Die Tabelle zeigt, dass die Zahl der Kinder in allen Teilen der Welt abnehmen wird; Ihre Wettbewerbsposition wird sich also im Lauf der Jahre deutlich verbessern. In vielen Entwicklungsländern ist die TFR zwar noch hoch, vor allem in den westlichen Ländern aber geht sie rapide zurück. Von den 20 am weitesten entwickelten Ländern bleiben 19 unter ihrem Ersatzkoeffizienten, so etwa Japan und die meisten der reichen europäischen Länder. In den USA liegt er bei genau 2,1. Das Absinken der TFR in diesen Ländern erklärt sich vor allem durch die Einführung der Pille 1964, durch Emanzipation, zunehmende Berufstätigkeit und Individualisierung der Frauen.

Weltweite Konkurrenz

Global gesehen müssen Sie dennoch mit erheblicher Konkurrenz rechnen. Pro Sekunde werden auf der Erde 2,4 Babys geboren, pro Jahr sind es 77 Millionen. Insgesamt liegt der jährliche Anstieg bei 1,2 Prozent. Diese Wachstumsrate führt zu einer Zunahme der Weltbevölkerung von heute 6,3 Milliarden auf gut neun Milliarden Mitte des Jahrhunderts. Am schnellsten wächst die Bevölkerung in Indien (+ 21 %/Jahr), China (+ 12 %/Jahr), Pakistan (+ 5 %/Jahr), Nigeria und Bangladesch (jeweils + 4 %/Jahr) sowie Indonesien (+ 3 %/Jahr). Experten erwarten einen Stopp des Bevölkerungswachstums zum Ende des Jahrhunderts. Zwischen 2050 und 2075 wird ein Bevölkerungshöchststand erreicht, der die Zehnmilliardengrenze jedoch nicht überschreiten wird.

Europäische Konkurrenz

Die rasch sinkende TFR in Europa macht deutlich, dass dieser Markt Chancen für das Lancieren Ihres Produkts bietet. In immer mehr Ländern kommt das Bevölkerungswachstum beinahe zum Stillstand. Die durchschnittliche TFR in Europa liegt bei 1,48. Manches deutet darauf hin, dass sie in den kommenden Jahren leicht ansteigen wird, eine Zunahme auf oder gar über das Ersatzniveau scheint jedoch ausgeschlossen. Die Einwohnerzahl der 27 EU-Länder erreicht um 2025 einen Höchststand von 470 Millionen. Bis Ende des Jahrhunderts werden 45 Prozent der Westeuropäer 60 Jahre oder älter sein. Wer also die Jugend hat, dem gehört mehr denn je die Zukunft.

Konkurrenz in Deutschland

In Deutschland werden im Durchschnitt täglich 1800 Babys geboren. Diese Zahl schwankt von Tag zu Tag, von Monat zu Monat, von Jahr zu Jahr. An Werktagen werden mehr Kinder geboren als am Wochenende, im Sommer mehr als im Winter, in wirtschaftlich günstigen Zeiten mehr als während einer Rezession.

In den 1970er Jahren sank die TFR Deutschlands unter das Ersatzniveau. Heute liegt sie bei knapp 1,4, womit Deutschland das EU-Schlusslicht bildet. Von den 1945 geborenen Frauen bekamen zwölf Prozent keine Kinder, heute bleiben über 20 Prozent der Frauen kinderlos – davon 60 Prozent gewollt.

Folgen

Zwar ist Deutschland immer noch eines der am dichtesten bevölkerten Länder der EU – auf einem Quadratkilometer leben hier durchschnittlich 230 Menschen –, doch bereits heute sind 26 Prozent der Deutschen über 60 Jahre alt; im Jahr 2015 werden es fast 40 Prozent sein. Über die Folgen dieser demografischen Verwerfungen sind heftige Debatten im Gange. Als Folge der Überalterung muss Deutschland mit einer drastischen Erhöhung der Rentenausgaben und massiv steigender Staatsverschuldung rechnen. Um zu verhindern, dass der Rollstuhl den Buggy aus dem Straßenbild verdrängt, muss Deutschland einigen Experten zufolge eine *pronatalistische* Politik betreiben, eine Politik also, die Eltern belohnt, damit die TFR auf das Ersatzniveau steigt oder sich ihr zumindest annähert. Mögliche Maßnahmen sind die Erhöhung des Kindergeldes und verbesserte Kinderbetreuungsmöglichkeiten. Letzteres hat in Skandinavien zu einem leichten Anstieg der Geburtenrate geführt.

Andere Experten halten eine pronatalistische Politik aus verschiedenen Gründen für sinnlos (»Kinder kann man nicht kaufen!«) und zudem unethisch. Da moderne Staaten noch keine Erfahrung mit schrumpfenden Bevölkerungszahlen haben, wird die Debatte weitergehen. Rechnen Sie damit, dass sich die Daten für Ihre zukünftigen Marktkalkulationen ändern können.

Quellen: Statistisches Bundesamt Deutschland (www.destatis.de).

Zielgruppen

Regieren heißt vorausschauen. Warten Sie nicht, bis Ihr Produkt geliefert wird, sondern bereiten Sie Ihren Markt auf die Veränderung in Ihrem Leben vor. Die wichtigsten Zielgruppen sind:

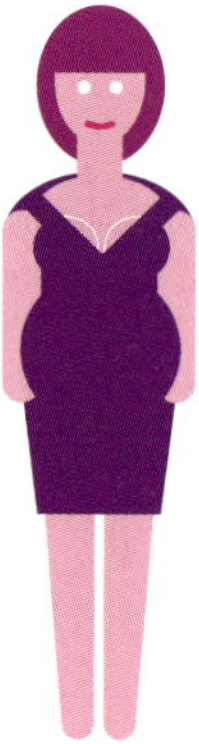

- **Partnerin** Investieren Sie in die Beziehung. Ihre Partnerin ist lebenswichtig für die Entwicklung Ihres Kindes. Stimmen Sie Aufgaben und Ziele im Gespräch mit ihr ab.
- **Arbeit- oder Auftraggeber** Während und nach Lieferung Ihres Produkts wird Ihr Verhältnis zu Ihrem Arbeit- oder Auftraggeber mehrfach auf die Probe gestellt werden. Tritt plötzlich eine Störung ein, kann die Arbeit vorübergehend zum Erliegen kommen. Zudem steigt Ihre finanzielle Belastung. Sorgen Sie deshalb für ein stabiles Verhältnis zu Ihrem Arbeit- oder Auftraggeber.

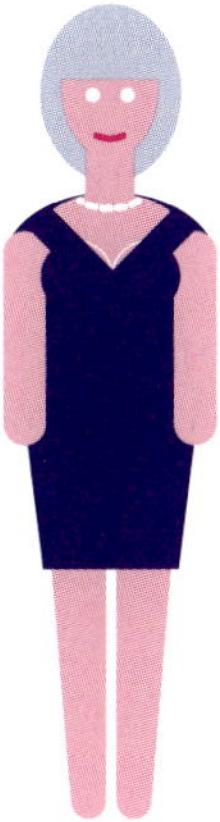

- **Familie** Stellt bei Spitzenbelastungen Betreuungskapazität zur Verfügung. Schaffen Sie vor allem eine gute Arbeitsbeziehung zu Eltern und Schwiegereltern. Gehen Sie von Anfang an gegen unlauteren Wettbewerb vonseiten Ihrer Geschwister und der Geschwister Ihrer Partnerin vor.

- **Nachbarn** Checken Sie Ihre unmittelbare Umgebung auf Aufpasskapazitäten. Weisen Sie sie auf mögliche Belästigungen hin (besetzter Parkraum durch viele Besucher, Lärm).

- **Freunde** Beugen Sie der Beschädigung oder dem Verlust von Freundschaften vor, indem Sie:
  - mit Ihrer Partnerin einen festen Plan für Haushalt und Kinderversorgung ausarbeiten,
  - mit mehreren Freunden gleichzeitig ausgehen,
  - einmal pro Woche einen »Freundeabend« veranstalten, an dem jeder bei Ihnen willkommen ist.

- **Babysitter** Ein zuverlässiger, fürsorglicher Babysitter ist Ihr Tor zur Freiheit. Frühzeitig darum kümmern!

Produktbetreuung

Im Jahr 2010 wurden in öffentlichen oder öffentlich geförderten Betreuungseinrichtungen 472 000 Kinder unter drei Jahren betreut. Das sind gerade einmal 23 Prozent. Das Kinderförderungsgesetz von 2008 legt fest, dass es bis 2013 für jedes dritte Kind dieser Altersgruppe einen Betreuungsplatz geben soll. Auch dann wird also die Nachfrage größer sein als das Angebot. Sie werden sich demnach einem heftigen Konkurrenzkampf stellen müssen. Prüfen Sie die Möglichkeiten bereits lange vor der Geburt Ihres Kindes. Sie haben die Wahl zwischen:

Au-pair

Wenn Sie ein Zimmer übrig haben, könnten Sie ein Au-pair-Mädchen ins Haus nehmen. Rechnen Sie mit mindestens 300 € pro Monat: 260 € gesetzlich festgelegtes Taschengeld plus Kranken-, Unfall- und Haftpflichtversicherung (Sondertarif), Sprachkurs etc. Die Vermittlung läuft über international tätige Organisationen.

Kindertagespflege (Tagesmutter/-vater)

Hier ist Ihr Kind zusammen mit maximal fünf anderen Kindern – die eigenen Kinder der Tageseltern ausgenommen – zu Gast bei einer Mutter oder einem Vater, der/die sich auf Kinderbetreuung spezialisiert hat. Rechnen Sie mit einem Stundensatz von ca. 6 €.

Kinderfrau

Luxusausführung des Au-pair-Mädchens. Professionelle Kinderpflegerin, die zu den von Ihnen bezahlten Zeiten die Betreuung übernimmt.

Elterninitiative

Eine Gruppe von Eltern gründet eine eigene Krippe oder einen Kindergarten. Organisation und Verwaltung liegen in Händen der Eltern.

Kindertagesstätten

Ihr Kind kommt in eine feste Gruppe, die sich in einem speziell dafür vorgesehenen Raum aufhält und von einer professionellen Leiterin betreut wird. Sie können Ihr Kind in der Einrichtung Ihrer Wahl anmelden und sich zwischen Halbtags-, Ganztags- und Rund-um-die-Uhr-Betreuung entscheiden. Auch hier heißt die Devise: frühzeitig anmelden – es gibt Wartezeiten bis zu zwei Jahren. Die meisten Kindertagesstätten nehmen bereits Babys ab acht Wochen auf.

Da die Kinderbetreuung in Deutschland auf länderrechtlicher Ebene angesiedelt ist, gibt es keine allgemeingültigen Vorschriften für Kindertagesstätten, vielmehr hat jedes Bundesland sein eigenes Kindertagesstättengesetz, eigene Verordnungen und Richtlinien. Generell vorgeschrieben ist aber die Betreuung der Kinder durch qualifiziertes pädagogisches Personal. Weitere Bestimmungen betreffen die Räumlichkeiten, etwa die Quadratmeterzahl pro Kind, die Aufteilung der Räume, Helligkeit, Wärme, Sauberkeit und Sicherheit.

Kosten und Bezahlung der Kinderbetreuung

So unterschiedlich wie die Träger der Kindertagesstätten – unter anderem Kommunen, örtliche Kirchen, freie Wohlfahrtsverbände (zum Beispiel Caritas und Rotes Kreuz) und Elterninitiativen – sind die Kosten und die finanzielle Beteiligung der Eltern.

Zunächst bezahlen Sie die Kinderbetreuung selbst. Über die Einkommensteuererklärung können Sie sich einen Teil der Ausgaben zurückholen: Wenn Sie oder Ihre Frau erwerbstätig, noch in der Ausbildung und/oder krank oder behindert sind, können Sie zwei Drittel der Kosten (maximal jedoch 4000 € pro Kind und Kalenderjahr) als Werbungskosten oder als Betriebsausgaben ansetzen.

In manchen Fällen, zum Beispiel wenn die Eltern ein sehr niedriges Einkommen beziehen, beteiligt sich das Jugendamt an den Kosten oder übernimmt sie ganz. Hier gelten von Bundesland zu Bundesland unterschiedliche Regelungen.

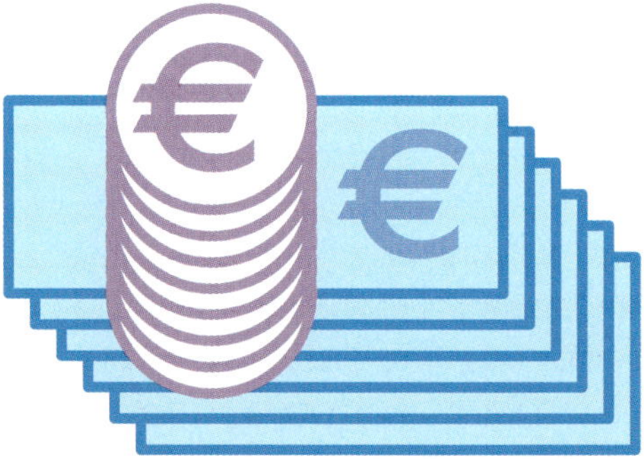

Auswirkungen auf Ihr Kind

Welche Folgen hat die institutionelle Betreuung für die Entwicklung Ihres Kindes? Diese Frage ist ein heißes Eisen in der Entwicklungspsychologie. Eine groß angelegte fortlaufende Studie in den USA, die *Early Child Care Study*, die rund 1300 Kinder begleitet, liefert dieser Debatte neue Nahrung. Die Diskussion entbrannte, als 2001 Untersuchungsergebnisse präsentiert wurden, die zu dem Schluss kamen, dass Kinderbetreuung in einer Einrichtung zumindest ein Risikofaktor sei: Kinder, die mehr als 30 Stunden pro Woche in einer Tagesstätte verbrächten, zeigten eine höhere Wahrscheinlichkeit von Aggressivität und Verhaltensauffälligkeiten. Mögliche Ursache: Auf das noch nicht voll entwickelte Gehirn junger Kinder stürmten zu viele Reize ein. Diese Schlussfolgerung wird von allen Seiten in Frage gestellt. So umfangreich die Untersuchung auch sei – zu den Ergebnissen sei man durch Beobachtung gelangt und nicht durch einen wissenschaftlichen Versuch, so die Kritiker.

Dennoch tut das beunruhigende Fazit seine Wirkung, auch in Deutschland, wo insbesondere die Deutsche Psychoanalytische Vereinigung (DPV) in einem Memorandum auf mögliche negative Auswirkungen frühkindlicher Fremdbetreuung hinweist. Demnach sei vor allem eine ganztägige Trennung von den Eltern eine psychische Belastung für die Kinder und bringe einen bedrohlichen Verlust der Lebenssicherheit mit sich.

! Befürworter argumentieren, dass eine frühe Fremdbetreuung eine Bereicherung sei, da sie Sozialkompetenz, Selbstbewusstsein, Durchsetzungsfähigkeit und Offenheit fördere.
Beobachten Sie die Reaktionen Ihres Kindes in der Tagesstätte und seien Sie vor allem bei sehr jungen Kindern sparsam mit Krippentagen.

Wahl der Einrichtung

Sehen Sie sich mehrere Einrichtungen an, ehe Sie sich endgültig entscheiden. Achten Sie dabei auf folgende Faktoren:

- **Kontakt:** Haben die Betreuerinnen Freude am Kontakt mit den Kindern? Sprechen sie auf Augenhöhe mit ihnen?
- **Raum:** Ist ausreichend Lern- und sonstiges Spielzeug vorhanden? Sind Sicherheit und Ordnung gewährleistet?
- **Atmosphäre:** Klingen die Kinderstimmen fröhlich und interessiert? Sprechen die Betreuerinnen in einem fröhlichen, geduldigen Ton?
- **Relation Personal/Kinder:** Wie viele Kinder sind in einer Gruppe? Wie viele Betreuerinnen hat eine Gruppe?
- **Erfahrung:** Informieren Sie sich über Ausbildung und Erfahrung der Betreuerinnen. Wie viele Mitglieder des Personals sind Praktikantinnen, wie viele examinierte Erzieherinnen?
- **Gibt es männliche Betreuer?** In Deutschland sind 97 Prozent der Kinderbetreuer und 85 Prozent des Lehrpersonals an Grundschulen Frauen. Die weitgehende Verweiblichung des Unterrichts hat dazu geführt, dass fast überall Norm ist, was Mädchen mögen: Puppen hübsch anzuziehen statt herauszufinden, ob Ton an der Zimmerdecke kleben bleibt. Jungen haben mit einem immer größeren Rückstand zu kämpfen: Sie sind zehnmal so häufig hyperaktiv und landen dreimal so oft auf Schulen für Lernbehinderte, sie bleiben häufiger sitzen, sind öfter Legastheniker oder stottern und dergleichen mehr. Viele Experten sehen die Ursache für die-

sen Rückstand im weiblichen Unterrichtsklima. Laut PISA, dem Programm der OECD zur internationalen Schülerbewertung, muss diese Kluft dringend geschlossen werden. Wenn Sie also in der Kinderkrippe auf einen männlichen Pionier stoßen, klopfen Sie ihm kräftig auf die Schulter!

Mehr Info: www.familien-wegweiser.de – Seite des Bundesministeriums für Familie, Senioren, Frauen und Jugend mit Wissenswertem und zahlreichen weiterführenden Links zu den Themen Au-pair, Tagesmüttern, steuerliche Berücksichtigung der Kinderbetreuungskosten und vielem mehr.

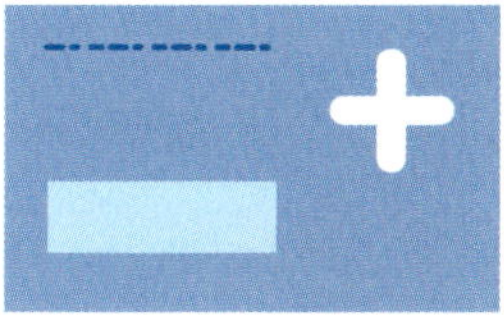

Markenname

Nehmen Sie sich viel Zeit für die Ausarbeitung Ihrer Brandingstrategie. Der Markenname, den Sie Ihrem Produkt mitgeben, muss den gesamten Lebenszyklus hindurch benutzt werden.

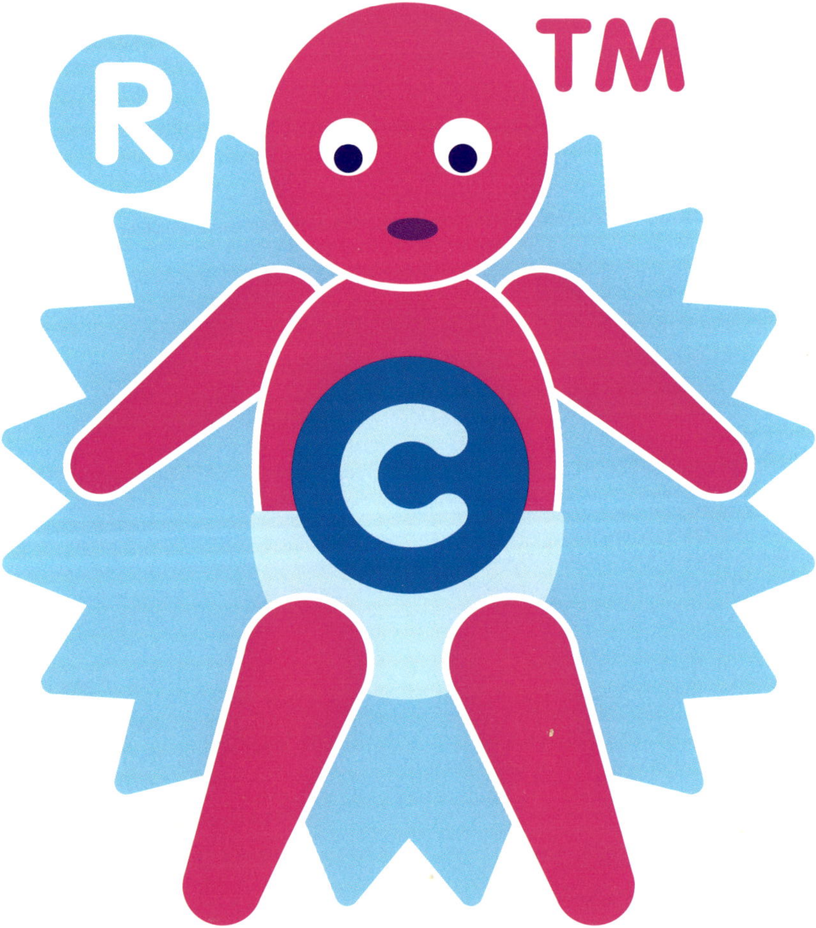

Familienname

Sie können Ihrem Kind Ihren eigenen Familiennamen geben oder den Ihrer Partnerin. Wahlfreiheit besteht allerdings nur einmal, und der einmal gewählte Name gilt für alle folgenden Kinder der Familie. Kinder lediger Frauen mit alleinigem Sorgerecht erhalten den Namen der Mutter.

Vorname

- Wählen Sie keinen Vornamen, dessen letzter Laut derselbe ist wie der erste des Nachnamens, zum Beispiel Mark Krämer.
- Zu einem kurzen Familiennamen macht sich ein langer Vorname besser und umgekehrt.
- Wenn Sie einen häufigen Familiennamen haben, geben Sie dem Kind einen originellen Vornamen. Verlieren Sie dabei aber nicht den Faktor Benutzerkomfort aus den Augen.
- Wenn Sie mehrere Kinder lancieren, sollten ihre Namen verschiedene Anfangsbuchstaben haben. Achten Sie darauf, dass die Kombination der Anfangsbuchstaben keinen Doppelsinn ergibt oder unerwünschte Assoziationen weckt.

Gesetzliche Vorschriften

- Der Vorname darf nicht gegen Sitte und Anstand verstoßen. Manchmal lehnt der Standesbeamte einen Namen ab, wenn dieser nicht im maßgeblichen *Internationalen Handbuch der Vornamen* steht oder den *Dienstanweisungen für Standesbeamte* widerspricht. In so einem Fall können Sie versuchen, den Namen Ihrer Wahl vor Gericht durchzusetzen.
- Ein Vorname darf kein existierender Familienname sein, es sei denn, dieser Familienname ist auch als Vorname gebräuchlich. Werner ist also erlaubt, Jansen dagegen nicht.
- Sie dürfen maximal fünf Vornamen angeben.

Die Top Ten der beliebtesten Markennamen (1942 und 2008–2010)*

	1942	2008	2009	2010
1.	Karin	Hannah/Hanna	Mia	Mia
2.	Renate	Leonie/Leoni	Hannah/Hanna	Hannah/Hanna
3.	Elke	Lea/Leah	Leonie/Leoni	Lena
4.	Monika	Lena	Lena	Lea/Leah
5.	Ingrid	Mia	Lea/Leah	Emma
6.	Ursula	Anna	Anna	Anna
7.	Helga	Emilie/Emily	Emma	Leonie/Leoni
8.	Gisela	Lara	Emilie/Emily	Lilli/Lilly/Lili
9.	Christa	Laura	Marie	Emilie/Emily
10.	Erika	Sarah/Sara	Lilli/Lilly/Lili	Lina
	1942	2008	2009	2010
1.	Peter	Leon	Leon	Leon
2.	Hans	Lucas/Lukas	Lucas/Lukas	Lucas/Lukas
3.	Klaus/Claus	Leon	Leon	Ben
4.	Jürgen	Tim/Timm	Luca/Luka	Finn/Fynn
5.	Dieter	Finn/Fynn	Paul	Jonas
6.	Wolfgang	Luis/Louis	Felix	Paul
7.	Uwe	Jonas	Maximilian	Luis/Louis
8.	Horst	Felix	Finn/Fynn	Maximilian
9.	Manfred	Paul	Tim/Timm	Luca/Luka
10.	Günter/Günther	Maximilian	Ben	Felix

*Abdruck mit freundlicher Genehmigung von www.beliebte-vornamen.de

Mehr Info: www.beliebte-vornamen.de. Für diese Website werden regelmäßig die häufigsten Vornamen ermittelt (eine amtliche deutsche Vornamenstatistik gibt es nicht). Neben den Hitlisten der beliebtesten Vornamen von 1890 bis heute finden Sie hier den »Babynamen der Woche«, ausführliche Informationen zu Bedeutung und Herkunft der Namen, seltene Mädchennamen, Tipps zur Namensfindung und vieles mehr.

Auf der Seite www.gesetze-im-internet.de des Bundesministeriums der Justiz finden Sie das Gesetz über die Änderung von Familiennamen und Vornamen.

PR und Promotion

Die Pfeiler Ihrer PR-Strategie sind:

Inserieren Anzeigen in Tageszeitungen. Große, aber unspezifische Reichweite.

Direktwerbung Gezielte Aktion, mit der Sie ausgewählten Empfängern die Lancierung Ihres Produkts anzeigen. Durchzuführen per E-Mail oder Post. Planen Sie genug Zeit für Layout und Druck ein.

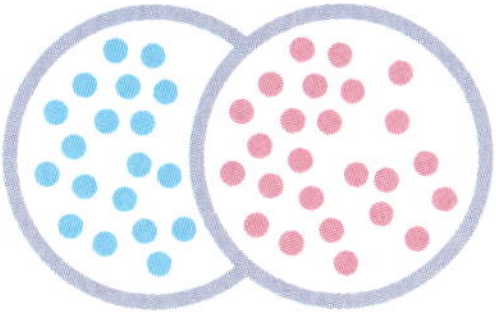

Launch-Party Umrahmen Sie Ihre Produktlancierung mit Festlichkeiten für geladene Gäste aus Ihren Zielgruppen. Verschicken Sie die Einladungen eventuell zusammen mit der Werbung. Mit der Organisation der Launch-Party können Sie professionelle Partyplaner beauftragen.

Website Der wahre Babymanager bloggt! Auf babybloggo.de etwa können Sie im Handumdrehen und gratis einen Blog über Ihr Kind aufmachen und Texte, Fotos oder Videos einstellen.

7 Kommunikation

Kommunikation

Vom Empfänger zum Sender

Auch im Babymanagement ist effiziente Kommunikation der Schlüssel zur erfolgreichen Produktentwicklung. Üben Sie sich in kommunikativen Fertigkeiten wie Spielen, Babysprache und Trösten.

Kommunikationsmittel Ihres Produkts:

Weinen

Ihr Baby wird mit einem begrenzten, aber wirksamen Kommunikationsmittel geliefert: Es kann aus voller Kehle schreien. Babys weinen im Durchschnitt insgesamt eine Stunde pro Tag. Und nie ohne Grund. Die folgende Tabelle nennt die Hauptursachen.

Ursache	Lösung
Unbehagen	Wechseln Sie die Windel, stellen Sie sicher, dass das Baby nicht friert oder schwitzt und dass seine Kleidung bequem sitzt
Hunger	Geben Sie ihm (Mutter-)Milch
Reizbarkeit	Entfernen Sie den Grund (Licht, Lärm, zu viel Bewegung)
Koliken	Lassen Sie das Baby aufstoßen. Oder: Legen Sie es auf den Rücken und machen Sie mit seinen Beinchen langsame Radfahrbewegungen
Einsamkeit	Sorgen Sie für Körperkontakt
Schlaf/Müdigkeit	Sorgen Sie vor dem Schlafengehen für Entspannung: Füttern Sie das Baby, baden Sie es, erzählen Sie ihm etwas und wiegen Sie es in den Schlaf
Krankheit	Konsultieren Sie bei ungewöhnlichen Symptomen sofort den Arzt

Untersuchungen haben ergeben, dass Mütter schon kurz nach der Entbindung das Weinen ihres Kindes erkennen und auch verschiedene Arten des Weinens unterscheiden können.

Jedes zehnte Baby ist mit der Fähigkeit ausgestattet, exzessiv zu weinen. Wenn ein Kind an mindestens drei Tagen in der Woche mehr als drei Stunden pro Tag weint und das länger als drei Wochen am Stück durchhält, spricht man von einem Schreikind.

Sprechen

Das Wort »infantil« kommt vom lateinischen *infans*, und das bedeutet »stumm«, »unberedt«. Nach zwei Monaten beginnt das Baby, diese Aussage Lügen zu strafen: Es streckt die Zunge heraus, presst die Lippen aufeinander und versucht, mit dem Atem Laute zu bilden. Einige Wochen später hören Sie die ersten Vokale, meist Ooos und Aaas. Nach und nach folgen die Konsonanten: da, ma, ka. Nach etwa einem Jahr kommt dann das erste Wort.

Vom Sender zum Empfänger

Trösten

Das Trösten ist ein Schlüsselfaktor in den ersten Stadien Ihrer Kommunikationsstrategie. Versuchen Sie Ihr Kind auf folgende Weisen zu beruhigen:

- **Kleiner Finger** Waschen Sie sich die Hände. Machen Sie Ihren kleinen Finger nass und stecken Sie ihn dem Baby in den Mund (mit der Kuppe nach oben, um nicht mit dem Nagel seinen Gaumen zu verletzen), das löst den Saugreflex aus.
- **Bewegung** Ihr Baby kann sich nach dem Mutterleib zurücksehnen. Bekämpfen Sie seinen Blues, indem Sie Assoziationen an sein Leben vor der Geburt in ihm wecken. Drücken Sie es in Herzhöhe an sich und wiegen Sie es sanft und gleichmäßig, im Sitzen oder im Herumlaufen. Geben Sie rhythmische Geräusche von sich oder singen Sie ihm etwas vor. Wenn das nicht hilft: Setzen Sie das Baby in den Kindersitz des Autos und fahren Sie es herum.
- **Schnuller** Wie der kleine Finger erzeugt auch der Schnuller die Illusion des Saugens an der Brust. Er tut vor allem bei solchen Babys seine Wirkung, die ihr Fertigmilchfläschchen sehr schnell leertrinken. Ein Schnuller verhindert in der Regel, dass Ihr Baby am Daumen oder an anderen Fingern nuckelt, was die Gebissentwicklung beeinträchtigen kann.
- **Nichts tun** Wenn Ihr Baby weder Schmerzen noch Hunger oder eine nasse Windel hat und trotz Hochnehmen oder Wiegen weiterprotestiert, dann lassen Sie es schreien. Wahrscheinlich ist es übermüdet und schläft nach einer Weile von selbst ein.

! Sie übertragen Ihre Körpersprache auf Ihr Kind. Wenn Sie angespannt sind, geben Sie Ihre Unruhe an das Baby weiter. Sind Sie entspannt, kommt auch das Baby zur Ruhe.

Andere Kommunikationsmittel

Stimmen Sie Ihre Kommunikation auf die Empfangsfrequenz Ihres Produkts ab.

Sprechen

Wiederholen Sie Geräusche, die Ihr Baby von sich gibt. Erzählen Sie ihm, was Sie gerade mit ihm machen. Die Sprache, die Sie dabei verwenden (hohe Tonlage und einfache, stark betonte Sätze) wird Babysprache genannt. Babysprache wurde lange Zeit als förderlich für den Spracherwerb von Kindern empfohlen, Untersuchungen konnten das jedoch nur teilweise bestätigen. Fest steht aber, dass Ihr Sprechen für das Kind wichtig ist. Gehörlose Kinder brabbeln in den ersten sechs Lebensmonaten genauso wie hörende, danach aber stagniert die Entwicklung ihres Sprechvermögens, vermutlich weil die Nachahmungsmöglichkeit fehlt.

Musik

Musik beschleunigt die kreative und intellektuelle Entwicklung. Wählen Sie einen einfachen Rhythmus und eine einfache Melodie. Nehmen Sie das Baby auf den Arm, tanzen Sie herum und singen Sie dazu.

Vorlesen

Vorlesen regt die Fantasie an und fördert Hörverständnis, Konzentrationsvermögen und Lesefähigkeit. Trotz dieser Vorteile lesen viele ältere Kinder heute nur noch wenige Minuten am Tag. Das (Vor-)Lesen wird deshalb auf vielerlei Weise gefördert. Machen Sie Ihr Kind schon früh mit Büchern vertraut.

Mehr Info: Die gemeinnützige Organisation Stiftung Lesen hat zum Ziel, das Lesen und eine zeitgemäße Lesekultur zu fördern und zu stärken. Ihre Website www.stiftunglesen.de ist randvoll mit Informationen und Leseempfehlungen. Auf www.bildungsserver.de, einem Gemeinschaftsservice von Bund und Ländern, finden sich weiterführende Links zu Leseempfehlungen.

Spielen

Eine der wichtigsten Kommunikationsformen zwischen Ihnen und Ihrem Produkt ist die Interaktion, die durch das Spiel zustande kommt. Was ist die Funktion des Spiels?

Das altgriechische Wort *paidia* bedeutet »Spiel«, *paideia* bedeutet »Erziehung«. »Menschen lernen allein durch das Spiel«, schrieb Platon. »Bei erzwungener Unterweisung bleibt nichts im Gedächtnis haften.« Nach dem Untergang der griechischen Kultur wurde die Bedeutung des Spiels jahrhundertelang negiert. Bis ins 18. Jahrhundert galt das kindliche Spiel als vollkommen nutzlose Tätigkeit. Heute denkt man ganz anders darüber. Seit Beginn des 20. Jahrhunderts wird das Spielen sehr ernst genommen. Alle möglichen Wissenschaftler, Historiker und Philosophen haben sich auf die Frage gestürzt: »Was ist der Sinn des Spiels?« Sigmund Freud meinte, das Spielen befähige Kinder, Probleme zu lösen. Der amerikanische Anthropologe John E. Pfeiffer sah im Spiel den Ursprung der Kunst. Sein Landsmann, der emeritierte Pädagogik-Professor Brian Sutton-Smith, kam nach einer groß angelegten Studie zu dem Ergebnis, dass das Spiel Vielfalt im Denken und Handeln erzeugt. Und der niederländische Kulturhistoriker Johan Huizinga wies in seinem umfassenden Werk *Homo Ludens* nach, dass sich das Spiel in allen Aspekten menschlicher Kultur wiederfindet. Huizingas Definition des Spiels aus dem Jahr 1949 wird trotz ihrer etwas altertümlichen Sprache noch heute von Wissenschaftlern zitiert:

»Der Form nach betrachtet, kann man das Spiel ... eine freie Handlung nennen, die als ›nicht so gemeint‹ und außerhalb des gewöhnlichen Lebens stehend empfunden wird und trotzdem den Spieler völlig in Beschlag nehmen kann, an die kein materielles Interesse geknüpft ist und mit der kein Nutzen erworben wird, die sich innerhalb einer eigens bestimmten Zeit und eines eigens bestimmten Raums vollzieht, die nach bestimmten Regeln ordnungsgemäß verläuft und Gemeinschaftsverbände ins Leben ruft, die ihrerseits sich gern mit einem Geheimnis umgeben oder durch Verkleidung als anders als die gewöhnliche Welt herausheben.«

Das Spiel als Motor

Nachdem über Funktion und Wichtigkeit des Spiels weltweit Übereinstimmung erzielt worden war, erhob sich die Frage, welches Spiel zu einem heranwachsenden Kind passt. Bahnbrechende Arbeit leistete auf diesem Gebiet der Schweizer Psychologe Jean Piaget. Er definierte junge Kinder als kleine Wissenschaftler, die über Versuch und Irrtum entdecken, wie die Welt beschaffen ist. Dabei unterschied er aufeinanderfolgende Entwicklungsphasen. In den ersten beiden Jahren – der sensomotorischen Phase – erwirbt das Kind die Kontrolle über seine körperlichen Reflexe. Es wird sich nach und nach seiner selbst als gesonderte physische Erscheinungsform bewusst und erkennt, dass die Gegenstände in seiner Umgebung ein eigenständiges, dauerhaftes Dasein führen. Piagets Ideen führten zu einer neuen Sichtweise der Rollen von Eltern oder Lehrern: aus Vermittlern von Wissen wurden Führer auf der Entdeckungsreise, die das Kind selbständig und in seinem eigenen Tempo unternimmt. Auf dieser Reise fungiert das Spiel als ein Vehikel, das das Kind zur nächsten Etappe geleitet. Der russische Psychologe Lew Semjonowitsch Wygotski (1896–1934), dessen Theorie seit einigen Jahren stark an Popularität gewinnt, bezeichnete das Spiel sogar als den Motor der kindlichen Entwicklung. Er ging davon aus, dass sich das Kind nicht so sehr autonom entwickelt, sondern vor allem von Nachahmung leiten lässt.

Hier eine kurze Übersicht über die Fertigkeiten, die ein junges Kind durch verschiedene Spiele erwirbt:

Spiel	Erlernte Fertigkeit
Finger- und Handspiel	Feinmotorik, Sprach- und Rechenfähigkeit, Koordination
Fantasiespiel, so tun, als ob	Soziale Fertigkeiten, kreativer Ausdruck, Sprache
Puzzle	Abstraktes und räumliches Denken, Formenbewusstsein
Bauklötze	Erstes Begreifen von Schwerkraft, Stabilität, Gewicht und Balance
Sandkasten	Geometrie, Problemlösung, Motorik
Farbe, Zeichnen, Malen	Kreativität, emotionaler Ausdruck, symbolische Darstellung, Feinmotorik

Spielzeug

Stürzen Sie sich nicht in Unkosten für teures Spielzeug. Und hegen Sie nicht den Ehrgeiz, das Gehirn Ihres Babys so früh wie möglich mit dem Alphabet und den Anfangsgründen der Mathematik vertraut zu machen. Im ersten Jahr gilt: *Keep it simple but safe.*

Sicherheit

Die »Warenwelt« informiert mit dem CE-Zeichen darüber, ob ihre Anforderungen eingehalten werden. Angesichts von Verletzungsgefahren und eines rasch wechselnden Spielwarenangebots empfiehlt es sich jedoch, auch selbst wachsam zu sein und folgende Punkte zu berücksichtigen:

- Meiden Sie Artikel mit Schnüren von über 22 Zentimetern Länge. Ein kleines Kind kann sich hiermit erdrosseln.
- Wählen Sie Artikel, die so groß sind, dass sie nicht verschluckt werden können, und die keine scharfen Kanten oder Spitzen haben.
- Ziehen Sie geleimtes Holzspielzeug verschraubtem Material vor. Holzspielzeug darf nicht splittern: Buchenholz ist geeigneter als Fichtenholz.
- Vor dem Jahr 2000 hergestellte Plastik-Beißartikel (Rasseln, Beißringe, Sauger) können beim Nuckeln Schadstoffe freisetzen. Geben Sie Ihrem Baby deshalb keine gebrauchten Beißartikel, auch nicht die von einem älteren Geschwister.
- Meiden Sie Spielzeug, dessen äußere Schicht abgekratzt werden kann.
- Kontrollieren Sie das Spielzeug regelmäßig und werfen Sie beschädigte Sachen weg.

Mehr Info: www.kindersicherheit.de, Stichpunkt »Reisen und Wohnen«, leider nicht immer brandaktuell.

Spiele und Spielzeug im ersten Jahr

Hier erfahren Sie, welche Spiele und Spielsachen sich für Ihr Produkt eignen.

Monat 0 – 3

Nachdem sich Ihr Baby in den ersten Wochen an seine Umgebung gewöhnt hat, wächst sein Interesse für das, was sich ringsum abspielt. Darauf können Sie ganz unterschiedlich reagieren. Halten Sie ihm einen Gegenstand vor die Augen und bewegen Sie ihn langsam von links nach rechts. Verstecken Sie Ihr Gesicht, beispielsweise hinter einem Handtuch, und achten Sie darauf, wie sich der Ausdruck Ihres Babys verändert, wenn Sie wieder zum Vorschein kommen.

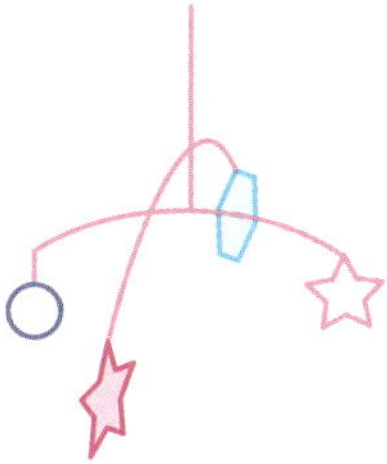

Mobile

Das Erste, was Ihr Baby in seiner neuen Welt entdeckt, ist Bewegung. Vor allem dynamische Objekte, die immer neue Muster bilden, verfolgt es mit großen Augen. Hängen Sie deshalb ein Mobile über Bett, Workstation oder Laufstall.

Spielbogen

Lädt zur Erkundung ein. Kräftigt die Muskeln.

Monat 3 – 6

Legen Sie Ihr Baby auf den Rücken und lassen Sie es strampeln. In dieser Phase entdeckt es seine Hände und Füße. Es erkennt jetzt Ihr Gesicht, und Sie können sich im Grimassenschneiden austoben.

Rassel

Schon seit dem Altertum das erste Spielzeug, das ein Baby in die Hand bekommt. Die Römer gaben ihren Kindern ein *crepitaculum* (abgeleitet von dem Verb *crepare* – »klappern, rasseln«). Die Rassel (aus Ton, Gold oder Silber) sollte früher auch böse Geister abwehren, weshalb man einem Baby sein *crepitaculum* nach der Taufe überreichte. Sie fördert die Greiffähigkeit, das Geräusch macht mit dem Gesetz von Ursache und Wirkung bekannt. Im Bad herumzuspritzen oder anderweitig Geräusche zu erzeugen führt dieses Spielprinzip weiter.

Schlüsselbund

Moderne Variante der Rassel: große klappernde Plastikschlüssel in grellen Farben.

Spieldecke

Aus bunten Teilen bestehende Decke mit Geräusche erzeugenden Elementen.

Monat 6–9

Sobald Ihr Kind sitzen kann, bekommt es seine Umgebung buchstäblich besser in den Griff. Es greift nach Gegenständen (und untersucht sie mit dem Mund …) und übt auf diese Weise Hände und Finger. Stellen Sie sich frühzeitig darauf ein und lassen Sie es mit weichen, knetbaren Sachen Bekanntschaft machen oder zum Beispiel mit Topfdeckeln, die es gegeneinanderschlagen kann. Auch Kniereiterspiele weiß es jetzt zu schätzen. Gehen Sie von langsamen zu immer schnelleren und unregelmäßigen Bewegungen über und erzählen Sie dazu eine Geschichte. Gemeinsam Fotos anschauen findet es auch sehr spannend.

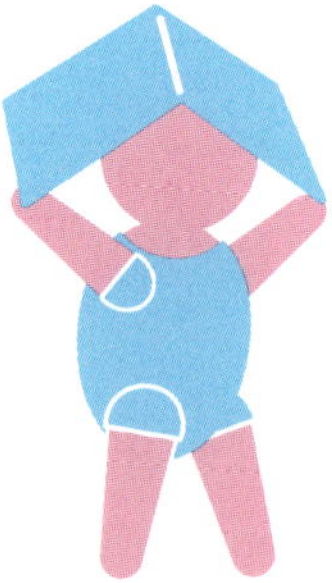

Bälle

Ballons oder Wasserbälle eignen sich am besten für ein erstes Fußballtraining.

Bücher

Besonders geeignet sind Bücher mit hohem Streichelfaktor: große Bilder, dicke Seiten, in die verschiedene Materialien eingearbeitet sind.

Monat 9–12

Die wachsende Bewegungsfreiheit lädt zur Einführung des altbewährten Versteckspiels ein. Auch Werfen macht viel Spaß: Das Kind erlangt Zugriff auf den geworfenen Gegenstand und auch auf Sie, solange Sie ihn immer wieder brav aufheben und an seinen Platz zurücklegen. Regen Sie seine Fantasie an, indem Sie ihm zeigen, dass man mit allem spielen kann.

Sandkasten

Für Sandburgen ist es noch zu früh, aber Ihr Kind hat schon viel Spaß daran, im Sand zu krabbeln und hineinzugreifen.

Laufgerät

Kinder bestimmen selbst, wann sie laufen lernen wollen. Ein Laufwagen mit Handgriff hilft bei den ersten Schritten.

Wachstum & Entwicklung

8

Stammbaum und Evolution Ihres Produkts

Ihr Produkt entwickelt sich in einem kontinuierlichen interaktiven Prozess zwischen Anlage und Umwelt. Jedes Produkt durchläuft diesen Prozess, das Resultat aber ist individualisiert: Ihr Produkt wird automatisch mit Alleinstellungsmerkmalen ausgestattet.

Die Keimzelle

Der Weg von Adams Rippe aus der biblischen Schöpfungsgeschichte bis zum Klonlabor des 21. Jahrhunderts ist mit Theorien über die menschliche Entwicklung gepflastert. Einer der schönsten Gedanken liegt dabei in der ursprünglichen Bedeutung des Wortes »entwickeln«: Das Ent-wickeln, das Entfalten von etwas, das im Keim schon vorhanden ist. Der bekannteste Anhänger dieser Lehre des Vorgeformten – des sogenannten Präformationismus – war der Naturforscher Antoni van Leeuwenhoek (1632–1723). Mit einem von ihm selbst gebauten Mikroskop glaubte er im männlichen Samen den *animalculus* entdeckt zu haben, ein in einer Spermazelle eingekapseltes Menschlein, das nach der Geburt wie ein Schachtelteufel hervorspringt. Van Leeuwenhoek ist für seine Entdeckung der Blutkörperchen und der Spermazelle sowie für die Entwicklung des Mikroskops noch heute weltweit anerkannt, aber seine Beobachtung des *animalculus* gehört zu den berühmtesten Fehlgriffen der Lehre von der menschlichen Entwicklung.

Natürliche Auslese

Doch van Leeuwenhoek braucht sich nicht posthum zu schämen. Das Kabinett der kuriosen Theorien ist reich gefüllt mit den Geistesfrüchten großer Denker. Griechische Philosophen wie Demokrit und Anaximander waren gar nicht so weit von van Leeuwenhoek entfernt mit ihrer Überlegung, dass alle Wesen einem Urschleim entstammten, der durch die Sonne zum Leben erweckt wurde. Platon und Aristoteles dagegen froren das abendländische Denken über Jahrhunderte mit der Vorstellung ein, der Mensch sei Teil eines geschlossenen Systems, einer kosmischen Hierarchie, in der jedes Wesen seinen eigenen, unveränderlichen Platz einnimmt. Und christliche Denker lähmten den Verstand mit der Schöpfungsgeschichte, in der Gott allein für die Entstehung des Menschen, für sein Sterben und selbst für den allumfassenden Untergang (die Apokalypse!) verantwortlich ist.

1859 drang plötzlich Licht in die Oberstübchen der Gelehrten: Charles Darwins bahnbrechendes Werk *Die Entstehung der Arten* erschien, in dem er seine Theorie vom »Stammbaum des Lebens« darlegte. Dem britischen Biologen zufolge sind alle Organismen durch einen allmählichen Veränderungsprozess entstanden, in dem die für das Überleben günstigsten Eigenschaften an nachfolgende Generationen weitergegeben werden. Seine Theorie der natürlichen Auslese *(The Survival of the Fittest)* löste einen Schock aus. Darwin wagte zu behaupten, dass der Mensch nicht das Ebenbild Gottes sei, sondern das seines unmittelbaren Vorgängers im Stammbaum: des Affen. Nachdem der Vatikan Darwin über anderthalb Jahrhunderte verketzert hatte, räumte er vor einigen Jahren ein, dass die Evolutionslehre mehr ist als ein Irrweg – vorausgesetzt, auch Gottes Rechte bleiben gewahrt: »Wenn der menschliche Körper seinen Ursprung in der lebenden Materie hat, die vor ihm existierte, dann ist doch seine Seele unmittelbar von Gott geschaffen«, schrieb Papst Johannes Paul II. 1996 an die Päpstliche Akademie der Wissenschaften. Doch die Evolutionslehre brauchte keine Enzyklika mehr, um anerkannt zu werden. In den 1950er Jahren untermauerte die Entdeckung des Grundbausteins menschlichen Lebens, der DNA, Darwins Theorie. Die neue Wissenschaft der Genetik lieferte ihr das Missing Link: Anhand der in jeder Zelle enthaltenen DNA, die sich unbegrenzt zu neuer DNA vervielfältigt, konnte endlich bewiesen werden, auf welche Weise die Arten sich durch Evolution immer weiter entwickeln. Ihr Baby ist ein Produkt der Evolution der Arten.

Mutter Lucy

Der genetische Code Ihres Kindes ist zu über 98 Prozent identisch mit dem des Schimpansen. Die evolutionäre Spur Ihres Babys reicht etwa 20 Millionen Jahre zurück in die Zeit, als die Affen auf der irdischen Bildfläche erschienen. Aus dem Stammbaum von Gorilla, Schimpanse und Bonobo (Zwergschimpanse) ist der Mensch hervorgegangen. Wie und wo die Abstammungslinien sich verzweigt haben, ist noch unklar. Aller Wahrscheinlichkeit nach lebte der letzte gemeinsame Urahn von Mensch und Schimpanse, der *Orrorin tugenesis,* vor etwa sechs Millionen Jahren in den kargen Savannen Ostafrikas. Vor zwei Millionen Jahren zeugte unser Urururgroßvater Nachkommen, die sich überwiegend aufrecht fortzubewegen begannen. Während Gorilla und Schimpanse in den Wäldern blieben, gingen diese Menschenaffen auf Erkundung aus. 1974 fanden Forscher das nahezu intakte Skelett eines dieser Hominiden und nannten es Lucy. Doch obwohl Lucy und ihre Freunde die richtige, nämlich die aufwärts strebende Richtung fanden, wurde ihre Art zu einem toten Ast am Stammbaum.

Zur selben Zeit und in derselben Gegend begann ein anderer Menschenaffe, der *Homo habilis,* seinen unaufhaltsamen Vormarsch. Vor allem dank seines größeren Gehirns und einer abwechslungs- und eiweißreichen Kost (mit Fleisch und vermutlich auch Fisch) konnte sich sein Gehirn weiterentwickeln. Der Homo habilis begann, soziale Netzwerke zu bilden, zu jagen und Steine als Werkzeuge zu benutzen. Der *Homo erectus,* der vor ungefähr 1,8 Millionen Jahren in Erscheinung trat, vervollkommnete diese Fertigkeiten und erweiterte den Lebensraum seiner Art bis nach Europa und Asien. Vor rund 100 000 bis 200 000 Jahren entwickelte sich der Homo erectus zum Urahn des menschlichen Stammbaums, dem *Homo sapiens,* dessen Abstammungslinie über Zwischenformen wie den Cro-Magnon-Menschen geradewegs zu Ihrem Kind führt.

Kiemen

Dieser Evolutionsprozess spielt sich in rasendem Tempo auch bei Ihrem Baby ab. Dem primitivsten Organismus vergleichbar, beginnt Ihr Kind sein Leben in der Gebärmutter als einzelne Zelle, Zygote genannt. Binnen weniger Wochen entwickelt es den Schwanz einer Amphibie und die Kiemen eines Fisches. Vier Monate später hüllt es sich in einen Mantel aus kurzem, dünnem Flaum, das Lagunohaar. Dieses einstige Fell unserer Urahnen legt es erst kurz vor der Geburt wieder ab. In den ersten Tagen nach der Geburt zeigt es die Instinkte und Reflexe eines Äffchens, das sich mit Händen und Füßen an seiner Mutter festhält. Und ein Jahr nach der Geburt ahmt es Lucys Triumph nach, wenn es zum ersten Mal aufrecht steht. Über die Herkunft der biologischen Eigenschaften des Kindes herrscht unter Wissenschaftlern im Großen und Ganzen Einigkeit, wenn auch der Stammbaum noch viele weiße Flecke aufweist. Was aber die Herkunft der geistigen Fähigkeiten des Kindes angeht und die Frage, auf welche Weise es sie entwickelt, da liegt man sich nach wie vor in den Haaren. In der klassischen Literatur finden sich dazu diverse Theorien, die einander teils ausschließen, teils ergänzen.

Der **Reifungstheorie** zufolge lässt sich ein Baby am besten mit dem Samen einer Pflanze vergleichen. Alle seine Eigenschaften sind im genetischen Material angelegt. Die Eltern sorgen für Pflanzerde, Wasser und Licht, und der Samen keimt und beginnt zu wachsen. Der **Behaviorismus** geht von der entgegengesetzten Annahme aus: Die Umgebung führt ein diktatorisches Regiment. Der Begründer des Behaviorismus, der amerikanische Psychologe John B. Watson, behauptete gar: »Gebt mir zehn Kinder in einer Umgebung, in der ich sie großziehen kann, und ich garantiere euch, dass ich aus jedem der Kinder das mache, was ich will: einen Arzt, einen Rechtsanwalt, einen Künstler, einen Geschäftsmann, aber auch einen Bettler oder einen Dieb.« Die **kognitive Theorie** nimmt eine Wechselwirkung zwischen

Reifung und eigener Erfahrung an. Kinder haben oder machen sich ein Bild von der Welt – ein »Schema« – und erforschen dann, ob die Wirklichkeit damit übereinstimmt. Hat das Kind den Konflikt zwischen Bild und Realität gelöst, geht es zur nächsten Phase über. In der von Sigmund Freud entwickelten **psychodynamischen Theorie** schließlich siegt der Einfluss der Erfahrung über die Macht der Gene. Nach Auffassung des österreichischen Psychoanalytikers ist das Kind der Vater des Erwachsenen: Die Erfahrungen, die ein Kind in seinen ersten Lebensjahren macht, bestimmen seine weitere Entwicklung.

Gehirn und Bindung

Die Verfechter der kognitiven Theorie erhalten seit einigen Jahren zunehmend Rückenstärkung vonseiten der Gehirnforschung. Die Vorstellung, dass sich der menschliche Geist gemäß einer genetischen Blaupause entwickelt, ist endgültig auf dem Müll gelandet. Zum Zeitpunkt der Geburt ist das Gehirn erst zu einem Viertel entwickelt. Es besteht aus 100 Milliarden Nervenzellen (Neuronen), von denen jede etwa 10 000 Verbindungen mit anderen Zellen eingehen kann. Damit dieses Netz entstehen kann, braucht das Gehirn reichlich Nährstoffe: Ein Babygehirn verbraucht bis zu 60 Prozent der gesamten Energie, die der Körper angeboten bekommt. Anreize zum Herstellen von Verbindungen mit anderen Zellen liefern vor allem die Sinneserfahrungen des Babys. Durch Anregung aus der unmittelbaren Umgebung, durch Berührung, Bewegung und Sprache entstehen verdrahtete Netzwerke, in denen die Gehirnleistung strukturiert und ausgebaut wird. In den ersten drei Lebensjahren werden auf diese Weise 85 Prozent der Hirnstruktur gebildet. Erfahrungen in frühester Kindheit gestalten das Gehirn also mit. Positive Erfahrungen bereichern es, Verwahrlosung, Gewalt und Missbrauch können seine Entwicklung behindern. Und nicht nur die Qualität und Intensität dieser Erfahrungen ist entscheidend, auch der Zeitpunkt, zu dem sie gemacht werden, spielt eine

Rolle. Denn das Gehirn entwickelt sich in aufeinanderfolgenden Phasen. Eine kritische Periode ist beispielsweise der Moment, in dem Neuronen sich miteinander verbinden, um komplexe Aufgaben wie das Registrieren von Schärfe und Tiefe durchzuführen. Kommt es während solch einer kritischen Periode zu negativen Erfahrungen, kann das die Qualität der erzeugten Funktion beeinträchtigen.

Bindungsmuster

An Ihnen ist es daher, sicherzustellen, dass Ihr Kind in den ersten Lebensjahren seine entscheidenden positiven Erfahrungen macht. Als eine seiner Bezugspersonen legen Sie das Fundament für seine emotionale, soziale und intellektuelle Entwicklung. Den Prozess, in dem dies geschieht, nennt man Bindung. Das erste Lebensjahr ist die sensibelste Phase für das Entstehen von Bindung, vor allem die zweite Hälfte, wenn das Baby sich ein Bild von seinen Bezugspersonen zu machen beginnt. Gleichzeitig ist das Baby heftig damit beschäftigt, sich aufgrund der Reaktionen seiner unmittelbaren Umgebung ein Bild von sich selbst zu schaffen. Durch die Wechselwirkung zwischen diesem Selbstbild und dem Bild seiner Bezugspersonen webt es ein Bindungsmuster, das auf einer unbewussten Ebene gespeichert wird. Verhaltensformen und die Art und Intensität der Emotionen innerhalb einer Beziehung werden in dieser Struktur verankert. Dieses Muster beeinflusst in hohem Maß die Beziehungen, die das Kind (später) mit anderen eingeht. Die Wissenschaft unterscheidet verschiedene Bindungsmuster, darunter vor allem die »sichere Bindung« und die »unsicher-vermeidende Bindung«. Ein Kind des ersten Typs reagiert positiv auf die Rückkehr von Vater oder Mutter und lässt sich zum Beispiel leicht trösten. Ein Kind des zweiten Typs kann den Elternteil bei seiner Rückkehr ignorieren und neigt dazu, seine Umgebung auf übertrieben aktive Weise zu erkunden.

Mutterliebe

Ein Pionier in der Erforschung des Stellenwertes der Eltern-Kind-Beziehung war der englische Arzt John Bowlby. Das Thema ließ ihn nicht mehr los, nachdem er in einer Einrichtung für schwer erziehbare Kinder einem kontaktarmen Jugendlichen begegnet war, der in seinem Leben keine stabile Mutterfigur gekannt hatte. Bowlby beschloss, Kinderpsychiatrie und Psychoanalyse zu studieren, um seine Ideen zum Einfluss der Familie auf die Entwicklung des jungen Kindes weiter ausarbeiten zu können. Nach einer Reihe von Beobachtungen an mutterlosen Kindern veröffentlichte er 1957 den ersten Teil seiner berühmten Bindungstheorie, in dem er nachwies, wie ungeheuer wichtig die Bindung des Kindes an die Mutter für Aufnahme und Erfolg seiner späteren Beziehungen ist. Bowlby definierte Bindungsverhalten als ein durch die Gene programmiertes Verhaltensmuster, das ein Kind entwickelt, um sich die Nähe der zentralen Bezugsperson zu sichern. Werden die Bedürfnisse des Kindes nicht befriedigt, reagiert es nacheinander mit Protest, Verzweiflung, Pseudo-Unabhängigkeit und Ignorieren. Der hohe, geradezu mythische Wert, den Bowlby und andere der Mutterschaft zuschrieben, ist heute längst entkräftet. Das rosarote Ideal, mit dem Zeitschriften, Bücher und Werbung Frauen noch immer krampfhaft in Fesseln halten wollen, verblasst, sobald man sich die Fakten ansieht. Verschiedene historische Untersuchungen haben deutlich gemacht, dass unsere Auffassungen von der Wichtigkeit der Mutter- und Vaterliebe über die Jahrhunderte stark variieren und vor allem von der wirtschaftlichen, kulturellen und politischen Situation einer Gesellschaft bestimmt werden. Die vergleichsweise passive Haltung westlicher Väter von heute beispielsweise steht in krassem Gegensatz zu der von Vätern der Aka-Pygmäen, eines Stammes von Jägern und Sammlern in den Regenwäldern des Kongo. Da dort bei der Jagd alle Stammesmitglieder gebraucht werden, tragen die stärksten Schultern die größten Lasten. Der Vater schleppt das Baby tagaus, tagein in einem Tragebeutel mit sich herum und gibt es nur ab, um es von der Mutter stillen zu lassen. Und wenn es Hunger hat, die Mutter aber nicht greifbar ist, legt der Aka-Papa es, um es zu beruhigen, kurzerhand an die eigene Brust. Umgekehrt würde sich die aktive westliche Mutter von heute in ihrer gleichgültig wirkenden mittelalterlichen Vorgängerin nicht wiedererkennen. Mütter von damals, die es sich leisten konnten, gaben ihre Kinder kurz nach der Geburt in die Obhut einer Amme auf dem Land, die die Kleinen stillte, bis sie drei oder vier Jahre alt waren. Erst wenn die Kinder richtig sprechen konnten, sahen sie die Mutter wieder. Doch deren Rolle blieb auch weiterhin begrenzt: Die Erziehung war ausschließlich Aufgabe des Vaters.

Künstliche Mütter

Nicht nur solche kulturhistorisch vergleichenden Studien haben den Muttermythos untergraben, sondern auch die psychologische Forschung. Die Annahme etwa, Mutterliebe entstehe im Kern dadurch, dass die Mutter das Kind (an der Brust) nährt, hat sich als unrichtig erwiesen. 1957, im selben Jahr, in dem Bowlby seine Bindungstheorie veröffentlichte, führte der amerikanische Psychologe Harry Harlow eine Versuchsreihe mit dem Ziel durch, den Ursprung der Liebe aufzuspüren. Harlow bestritt die Idee, die Bindung zwischen Mutter und Kind entstehe dadurch, dass die Mutter das Bedürfnis des Babys nach Nahrung befriedige. Er führte seine Untersuchungen an neugeborenen Makaken durch, Langschwanzaffen, die ähnlich auf Sinnesreize reagieren wie menschliche Babys. Harlow isolierte eine große Gruppe Makaken einige Stunden nach ihrer Geburt von ihren biologischen Müttern. Die Kleinen wurden mit zwei künstlichen Müttern in einen Raum gesperrt: einem Modell aus Eisendraht und einem aus weicher Baumwolle unter einer Wärmelampe. Lediglich die eiserne Mutter hatte eine »Zitze«, nämlich den Sauger einer Flasche. Doch die Affenbabys suchten sie nur auf, um zu trinken; kaum waren sie satt, schmiegten sie sich wieder an die Baumwollmutter. Und wenn diese ebenfalls mit einem Sauger ausgestattet war, ließen die Makakenbabys die eiserne Mutter links liegen. Harlow überprüfte dieses Ergebnis mit einer weiteren Untersuchung. Auch hierfür isolierte er mehrere Makaken kurz nach der Geburt von ihren natürlichen Müttern. Dann teilte er sie in zwei Gruppen, jede mit einer künstlichen Mutter, einer eisernen und einer aus Baumwolle, die jedoch beide mit einem Sauger versehen waren. Die Affenbabys beider Gruppen nahmen gleich viel Nahrung zu sich: Wachstum und Gewichtszunahme waren bei beiden gleich. Biologisch funktionierten die »Kinder« der eisernen Mutter ganz nach Plan, psychologisch aber bildeten sich große Unterschiede heraus. Sie entwickelten Angst und Frustration und waren außerstande, (sexuelle) Beziehungen mit den von der Baumwollmutter aufgezogenen Artgenossen einzugehen. Harlows Schlussfolgerung erstaunte ihn selbst: »Wir hatten zwar erwartet, dass körperliche Berührung für das Entstehen von Bindung wichtig ist, dass sie aber die Bedeutung des Nährens so weit übersteigt, das war eine Überraschung«, notierte er. »Fest steht, dass berufstätige Frauen wegen ihrer biologischen Eigenschaften als Mutter nicht eigens nach Hause zu kommen brauchen. Wir sollten uns bewusst machen, dass auch der Mann über alle wesentlichen Mittel verfügt, ein Kind großzuziehen.«

Blutsbande

Weitere Untersuchungen zur Entstehung von Bindung haben ergeben, dass:

- zwischen Eltern und Kind keine Blutsbande bestehen müssen; das Kind kann sich genauso gut an einen nicht-biologischen Elternteil binden;
- das Geschlecht der Bezugsperson keine Rolle spielt;
- die *Qualität* der Beziehung wichtiger ist als die *Quantität:* Das Ausmaß, in dem die Bezugsperson die Bedürfnisse des Kindes wahr-

nimmt und befriedigt, wiegt schwerer als die Zahl der Stunden, die sie mit ihm verbringt;

- Eltern und Kind einander verstehen lernen müssen, um eine sichere Bindung aufbauen zu können;
- das Kind sich in den ersten drei Lebensjahren von völliger Abhängigkeit zu einer Haltung entwickelt, die auf Erkundung und Selbständigkeit ausgerichtet ist. Diese zum Erreichen von Selbständigkeit und emotionaler Ausgeglichenheit unabdingbare Entwicklung ist nur dann möglich, wenn das Kind bei einer zentralen Bezugsperson körperliche und emotionale Geborgenheit findet. Von diesem sicheren Hafen aus, in den es jederzeit zurückkehren kann, erkundet es die Welt.

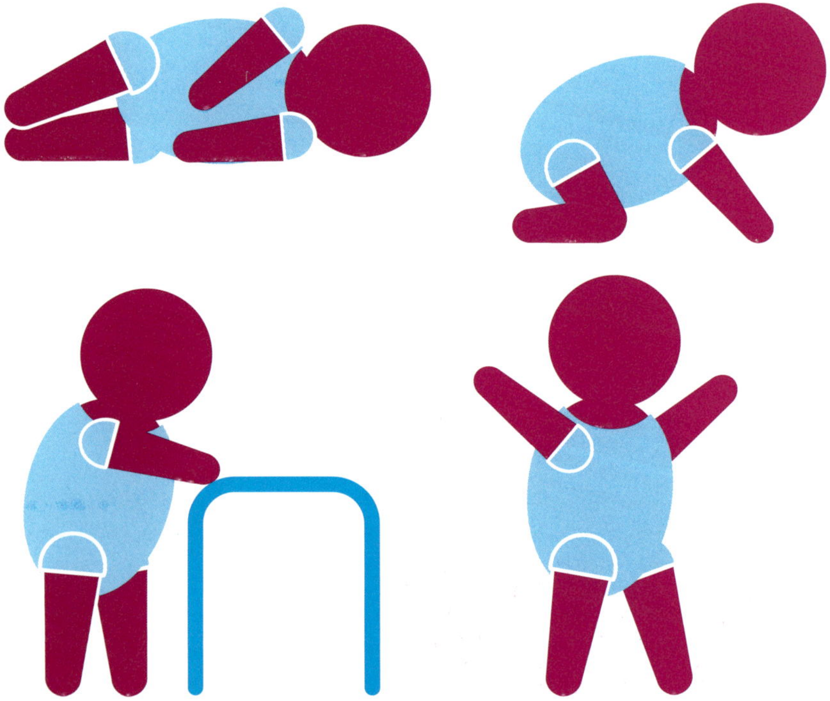

Motorische Entwicklung

Es ist noch gar nicht so lange her, da war ein Baby für die Wissenschaft ein taubes, stummes, blindes Wesen. Heute genießt es mehr Anerkennung: Man sieht in ihm einen angehenden Wissenschaftler, der sein Wissen durch Hinfallen und Wiederaufstehen erwirbt. Dabei scheint es eine Reihe vorprogrammierter Fertigkeiten einzusetzen, die durch Interaktion mit der Umgebung aktiviert werden. Die motorische Entwicklung verläuft bei fast allen Kindern in derselben festen Reihenfolge: vom Kopf zu den Zehen und vom Rumpf nach außen. Als Erstes erlangt Ihr Baby Kontrolle über die Muskeln, die dem Gehirn am Nächsten liegen. Ehe es zu krabbeln beginnen kann, muss es beispielsweise erst den Kopf halten können. Die Muskelkontrolle entwickelt sich von grob nach fein, die Bewegungen werden immer zielgerichteter. Kulturelle Gewohnheiten können die motorische Entwicklung beeinflussen: Kinder, die häufig in einem Tuch auf dem Rücken getragen werden, fangen früher an zu laufen, oft schon mit zehn Monaten. Das Sitzen im Tragetuch bewirkt, dass sie ihre Hals- und Bauchmuskeln schneller beherrschen lernen und sich gleichzeitig darin üben, das Gleichgewicht zu halten.

Im ersten Jahr durchläuft das Kind, grob gesagt, vier Stadien geistiger und motorischer Entwicklung.

Monat 0. Die Schlafmütze mit Reflexen

- Schläft 90 Prozent der Zeit.
- Erkennt Züge des menschlichen Gesichts, vor allem die Augen.

- Kann die Stimme der Mutter von fremden Stimmen unterscheiden.
- Reagiert auf jedes Gesicht mit Sozialverhalten wie Plap-

pern und Weinen. Diese Überlebensstrategie zielt darauf ab, die Bezugsperson bei sich zu halten.

- Verfügt über folgende Reflexe:
  - **Saugreflex** Wird durch Anbieten der Brustwarze oder eines Surrogats aktiviert.
  - **Mororeflex** Bei unerwarteten Geräuschen oder Bewegungen breitet das Baby die Arme aus, als wollte es jemanden umarmen.
  - **Greifreflex** Finger und Zehen krümmen sich bei Berührung von Handfläche und Fußsohle. Dieser Reflex entwickelt sich weiter zum vollwertigen Greifen.
  - **Laufreflex** Hebt man das Baby unter den Achseln aufrecht hoch, macht es Laufbewegungen.
  - **Gleichgewichtsreflex** Durch ihn kann das Baby die Balance halten. Dreht man seinen Kopf nach einer Seite, streckt es zum Ausgleich einen Arm aus.
  - **Abwehrreflex** Wird ein Gegenstand auf sein Gesicht zu bewegt, wendet es den Kopf ab.
  - **Tauchreflex** Wird unter Wasser aktiviert. Stoffwechsel und Puls verlangsamen sich, die Luftröhre verschließt sich, sauerstoffreiches Blut gelangt in Herz und Gehirn, um ein längeres Überleben zu ermöglichen. Einiges deutet darauf hin, dass dieser Reflex auch bei der Geburt wirksam ist. Er kann für das Schwimmen- und Tauchenlernen genutzt werden.

Die meisten dieser Reflexe verlieren sich nach drei bis sechs Monaten, wenn das Baby in der Lage ist, seine Bewegungen zu steuern.

Monat 0 – 3. Der Gucker

- Bringt sprachähnliche Laute hervor.
- Beginnt, Interesse für komplexe visuelle Muster zu zeigen.

- Sieht einen sich bewegenden und einen unbeweglichen Gegenstand als zwei verschiedene Objekte.
- Dreht den Kopf in Richtung einer Geräuschquelle.
- Erkennt die Stimmen verschiedener Personen.
- Erkennt Züge eines menschlichen Gesichts. Kann nach Aktions-Reaktions-Schema kommunizieren.
- Produziert ein soziales Lächeln als Reaktion auf Gesichter und hohe Stimmen.
- Kann das Gesicht der Mutter von fremden Gesichtern unterscheiden.
- Macht (ungezielte) Greifbewegungen nach Gegenständen.
- Erwirbt mehr Kontrolle über seinen Kopf.
- Reagiert (durch Schauen) empfänglich auf die Anwesenheit anderer Babys.

Monat 3 – 6. Der Greifer

- Nimmt abstrakte Merkmale von Gegenständen wahr (rund, eckig).
- Unterscheidet Gesichtsausdrücke (Wut, Freundlichkeit).
- Kann auch selbst Kummer, Zorn und Angst ausdrücken.

- Lächelt als Reaktion auf ein Lächeln.
- Entwickelt ein individuelles Temperament.
- »Spricht« universelle Babysprache.
- Entwickelt Interesse an Gegenständen. Bekommt genug von einem Gegenstand und erforscht neue Objekte. Kann Menschen von Sachen unterscheiden.
- Wendet sich einzelnen Personen zu und entwickelt Vorlieben.
- Verfeinert sein Greifvermögen und kalkuliert die Geschwindigkeit eines Gegenstandes ein, nach dem es greifen will. Passt seine Handhaltung der Größe des Gegenstandes an.
- Korrigiert seine Position, um das Gleichgewicht zu halten.
- Kann Kopf und Oberkörper ein Stück aufrichten; entdeckt, dass es sich auf dem Bauch fortbewegen kann.
- Wird noch empfänglicher für die Anwesenheit anderer Babys, will sie anfassen.

Monat 6–9. Der Krabbler

- Unterscheidet Männer- von Frauenstimmen. Unterscheidet von diesen Stimmen ausgedrückte Emotionen.
- Geht von der Babysprache zu Lauten aus der Muttersprache über.
- Unterscheidet Zusammenhänge in Mustern. Kann das Gesicht eines Mannes von dem einer Frau unterscheiden.
- Bekommt den ersten Zahn!

- Bindet sich an eine Bezugsperson und andere vertraute Menschen. Verlässt man es, reagiert es ängstlich. Es fremdelt.
- Kann sich auf Hände und Knie aufrichten und sich im Sitzen halten.
- Dreht sich vom Bauch auf den Rücken und wieder zurück, beginnt zu krabbeln.
- Tauscht ein Lächeln mit anderen Babys.

Monat 9–12. Stehen! Der Wanderer

- Handelt aus eigenem Antrieb.
- Kann interessante Gegenstände suchen (und finden).
- Beginnt, Laute und Wörter nachzuahmen.
- Kann krabbeln und mit Unterstützung stehen.
- Entwickelt Reichweite und Greifvermögen weiter.
- Beginnt, Größe und Form des zu greifenden Gegenstandes zu erfassen.
- Kann seine Bewegungen an den Gegenstand anpassen, also etwa einen rollenden Ball auffangen.
- Spielt einfache kleine Spiele mit anderen Babys.
- Beginnt sich selbst zu erkennen.

Gewicht und Größe

Bei jeder U-Untersuchung wird Ihr Kind auf dreierlei Weise gemessen: Gewicht, Größe und Kopfumfang. Gewicht und Größe werden kontrolliert, um eventuelle Wachstumsstörungen aufzuspüren, der Kopf, um die Wachstumsgeschwindigkeit des Gehirns festzustellen. Bei der Geburt sind alle lebenswichtigen Organe voll entwickelt, bis auf das Gehirn. Ein zu schnell wachsendes Gehirn kann ein Hinweis auf einen Hydrocephalus, also einen Wasserkopf, sein: Das Kind produziert dann zu viel Gehirnflüssigkeit, und die Fontanellen dehnen sich aus. Ein zu langsam wachsendes Gehirn kann unter anderem auf eine Ernährungsstörung hindeuten. Die Messergebnisse werden in p-Werten ausgedrückt, einer statistischen Zahl, die angibt, wie Ihr Kind in Relation zu den deutschen Durchschnittswerten für Kinder desselben Alters wächst. Sagt der Arzt beispielsweise, Ihr zwei Monate altes Kind habe einen p-Wert von 75 auf der Gewichtskurve, so ist damit gemeint, dass 75 Prozent der deutschen Kinder dieses Alters weniger und 25 Prozent mehr wiegen. Sie können das Wachstum Ihres Kindes natürlich auch selbst festhalten.

Ermittlung des Gewichts

Wiegen Sie sich zunächst selbst. Nehmen Sie dann das (nackte) Baby auf den Arm und wiegen Sie sich erneut. Ziehen Sie Ihr Gewicht vom Gesamtgewicht ab, und Sie haben das Gewicht des Babys. Tragen Sie seine Gewichtszunahme in nebenstehende Tabelle ein.

Ermittlung der Größe

Legen Sie das Baby auf einen Bogen Papier. Ziehen Sie direkt über seinem Kopf einen Strich. Strecken Sie dann seine Beine und ziehen Sie direkt unter den Füßen einen Strich. Messen Sie den Abstand zwischen den beiden Strichen. Tragen Sie das Größenwachstum des Babys in nebenstehende Tabelle ein.

Produktgewicht

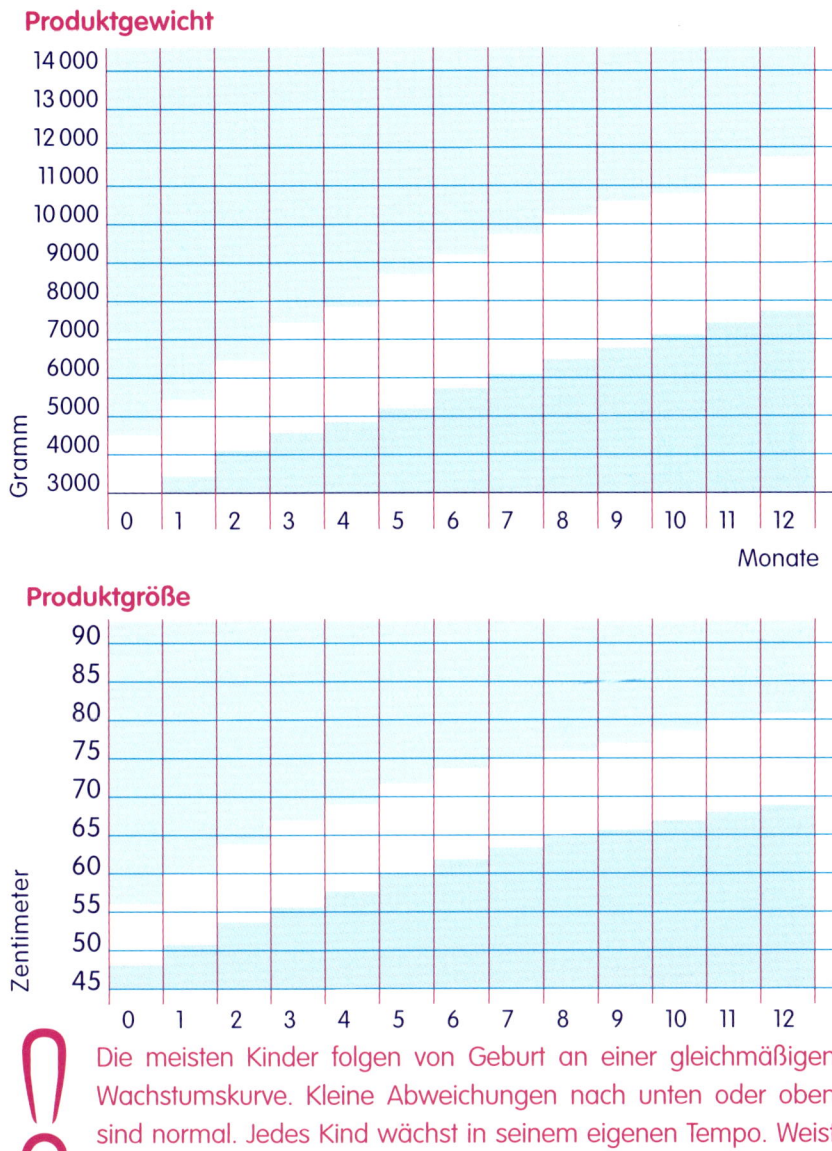

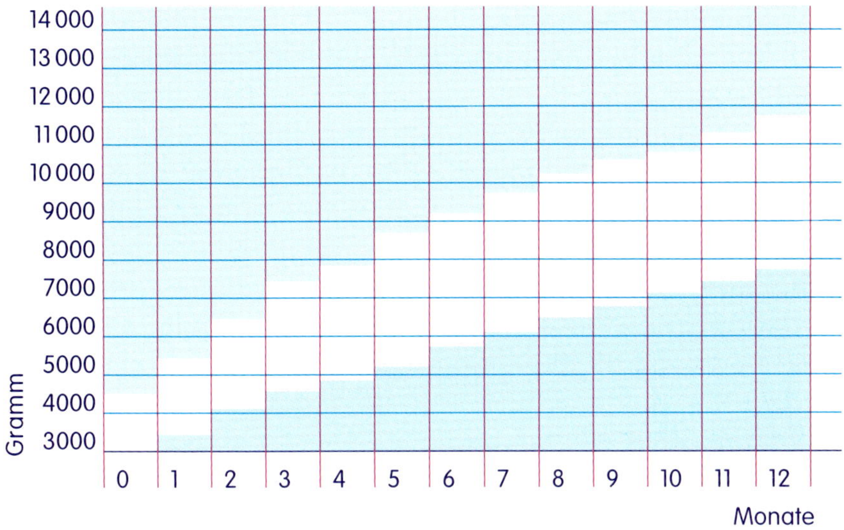

Produktgröße

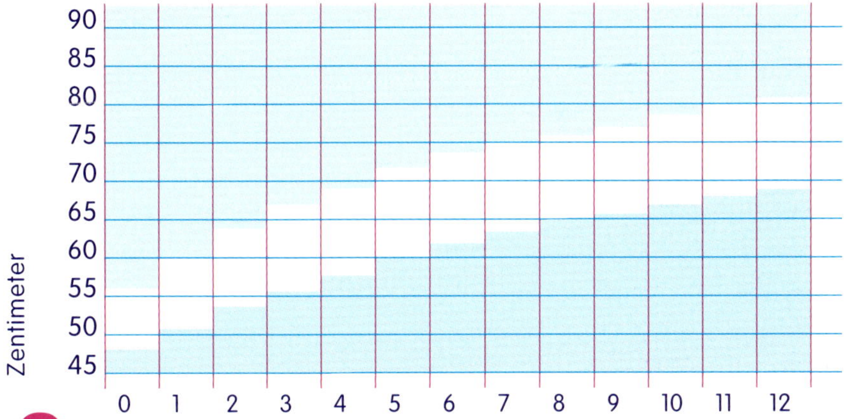

! Die meisten Kinder folgen von Geburt an einer gleichmäßigen Wachstumskurve. Kleine Abweichungen nach unten oder oben sind normal. Jedes Kind wächst in seinem eigenen Tempo. Weist die Kurve deutliche Spitzen und Täler auf, konsultieren Sie den Arzt.

Temperament

Temperament ist ein Sammelbegriff dafür, wie ein Individuum sich verhält oder in einer bestimmten Situation reagiert. In den ersten Monaten lässt sich noch nicht viel Sinnvolles über den Charakter Ihres Kindes sagen, weil sein Verhalten zu stark von zeitlich begrenzten Faktoren wie etwa (der Erholung von) der Geburt, von Ernährung und Hormonen beeinflusst wird. Um den vierten Monat nimmt die Bedeutung dieser Faktoren ab, und Sie gewinnen nach und nach Einblick in die Persönlichkeit Ihres Kindes. Psychologen beurteilen das Temperament eines Kindes unter anderem anhand folgender Kriterien:

- **Aktivitätsniveau** Ist Ihr Kind aktiv oder eher ruhig?
- **Regelmäßigkeit** Wie berechenbar sind seine Fütter- und Schlafzeiten?
- **Vorgehensweise** Wie reagiert es auf neue Situationen und Menschen?
- **Anpassungsfähigkeit** Wie geht es mit Abweichungen vom gewohnten Schema oder Störungen seiner Aktivitäten um?
- **Empfindlichkeit** Wie reagiert es auf grelles Licht oder laute Geräusche?
- **Stimmung** Macht es in der Regel einen fröhlichen Eindruck oder eher nicht?
- **Intensität** Wie laut tut Ihr Kind seine Stimmungen kund?
- **Konzentrationsfähigkeit** Kann sich Ihr Kind über längere Zeit mit einem Spielzeug beschäftigen, oder sucht es sich schnell etwas Neues?

Unter Psychologen herrscht keine Einigkeit darüber, was alles unter Temperament zu verstehen ist. Einig ist man sich jedoch darin, dass Reaktions- und Verhaltensmuster großenteils angeboren sind und dass diese Muster durch Interaktion mit der Umgebung, insbesondere den Eltern und eventuellen Geschwistern, verstärkt oder abgeschwächt werden.

9

Consultants

Consultants

Interne Berater

Im Babymanagement haben Sie sowohl mit externen als auch mit internen Consultants zu tun. Externe heuern Sie für eine vereinbarte Zeitspanne an, von internen werden Sie während der gesamten Phase der Produktentwicklung beraten. Für beide gilt: So wertvoll und erfahrungsbasiert deren Expertise sein mag – vertrauen Sie auch immer auf Ihren eigenen Kompass.

Produzentin

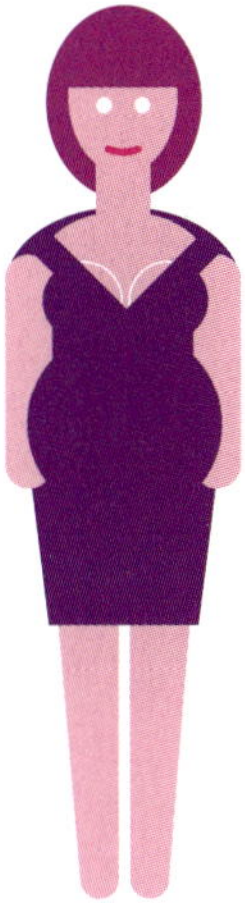

Beschreibung: junge Frau, bei der Sie die Montage initiiert haben.

Beauftragung: unnötig. Sie wird Sie gefragt wie ungefragt beraten.

Arbeitsweise: Ihre Vorschläge zielen darauf ab, Sie stärker in die Produktentwicklung einzubeziehen. Sie rät Ihnen zu Folgendem:

- Tausch dein Cabrio gegen eine Familienkutsche ein.
- Sorge für (mehr) finanzielle Sicherheit.
- Zieh den Kauf eines größeren Hauses mit Garten in Betracht.
- Hör auf zu rauchen, trink nicht so viel.
- Hab mich immer lieb.

Während der Montage ist sie vor allem auf emotionale Sicherheit bedacht, nach Lieferung steht die finanzielle Sicherheit im Vordergrund.

Dauer: unbegrenzt.

Tipp: Vermitteln Sie stets den Eindruck, dass Sie ihre Ratschläge zumindest schätzen. Vorrang muss für Sie die Wahrung eines ausgeglichenen Gemütszustandes der Produzentin haben, speziell während der gesamten Schwangerschaft und in den ersten Monaten danach.

Kosten: unbezahlbar.

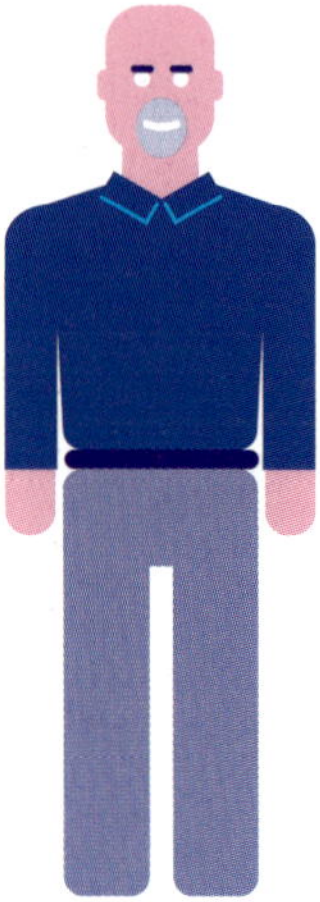

Ihr Vater

Beschreibung: Mann mittleren oder höheren Alters, mitverantwortlich für Ihre Zeugung und Weiterentwicklung

Beauftragung: unnötig, bietet sich von selbst an.

Arbeitsweise: Je nach seinem Charakter und Ihrem Verhältnis zu ihm engagiert er sich oder hält sich eher zurück. Nach Bekanntgabe der Montage sucht er nach einer Gelegenheit für ein Vater-Sohn-Gespräch. Einige seiner Ratschläge haben Ewigkeitswert, das Verfallsdatum seiner praktischen Tipps ist in der Regel längst abgelaufen.

Dauer: unbegrenzt.

Tipp: Die Zeit von der Montage bis zur Lieferung ist die Gelegenheit, die Beziehung – wenn nötig – zu festigen. Gönnen Sie ihm seine Geschichten aus der Mottenkiste und freuen Sie sich darüber.

Kosten: unbezahlbar.

Ihre Mutter

Beschreibung: Frau mittleren oder höheren Alters, mitverantwortlich für Ihre Produktion und Weiterentwicklung.

Beauftragung: siehe Vater.

Arbeitsweise: Nahezu unabhängig von Ihrem Verhältnis zu ihr überschüttet sie Sie mit guten Ratschlägen.

Dauer: unbegrenzt.

Tipp: Ihre praktischen Tipps zur Babypflege gelten uneingeschränkt. Lassen Sie sie von ihren eigenen Montage- und Liefererfahrungen erzählen und genießen Sie es. Achten Sie darauf, dass sie die Produzentin Ihres Produkts nicht mit Ratschlägen erdrückt.

Kosten: unbezahlbar.

Schwiegermutter

Beschreibung: Produzentin Ihrer Produzentin.

Beauftragung: siehe Vater.

Arbeitsweise: Sie konzentriert sich vor allem auf die Produzentin. Hat sie ein gutes Verhältnis zu ihr, wird sie sie mit gut gemeinten Ratschlägen, Geschichten von früher und ihrer Fürsorglichkeit nur so überschütten.

Dauer: unbegrenzt.

Tipp: Bemühen Sie sich um ein gutes Verhältnis zu ihr. Sie verfügt über große Aufpasskapazitäten. Setzen Sie ihr Grenzen, wenn sie zu penetrant wird.

Kosten: unbezahlbar.

Schwiegervater

Beschreibung: Manager der Produzentin.

Beauftragung: siehe Vater.

Arbeitsweise: Durch die in Gang gesetzte Montage wird ihm klar, dass es kein Zurück mehr gibt. Seine Ratschläge zielen darauf ab, möglichst günstige Startbedingungen für den Spin-off des Produkts zu schaffen. Er reitet auf Themen wie finanzielle Sicherheit, angemessener Wohnraum, Versicherungen und Erbrecht herum.

Dauer: unbegrenzt.

Tipp: Bemühen Sie sich um ein gutes Verhältnis zu Ihrem Schwiegervater. Auch für Sie führt kein Weg zurück. Setzen Sie ihm Grenzen, wenn er zu penetrant wird.

Kosten: unbezahlbar.

Externe Berater

Hebamme

Beschreibung: nach dreijähriger Ausbildung an einer Berufsfachschule spezialisiert in der Begleitung von Geburten. Verbindet medizinisch-technische mit vorsorgenden, versorgenden und pflegenden Aufgaben. Arbeitet entweder als Freischaffende (häufig in eigener Praxis) oder als Angestellte eines Krankenhauses, einer Arztpraxis, des Sozialamts etc.

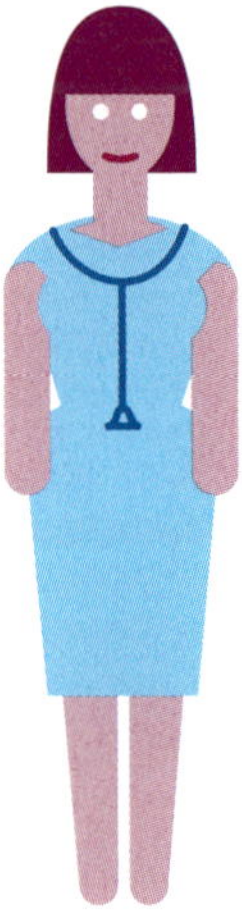

Ein Arzt darf nach deutschem Recht eine Entbindung nur im Notfall ohne Hebamme durchführen. Eine Hebamme kann aber, wenn Probleme auftreten, einen Gynäkologen oder einen anderen Spezialisten hinzuziehen.

In Deutschland werden übrigens nur etwa ein bis zwei Prozent der Babys zu Hause geboren.

Beauftragung: Die Produzentin Ihres Produkts meldet sich bei der Hebamme ihrer Wahl an. Sollen die üblichen Vorsorgeuntersuchungen – mit Ausnahme der Ultraschalluntersuchung, die nur ein Arzt vornehmen kann – von der Hebamme durchgeführt werden, empfiehlt es sich, sich möglichst früh eine Hebamme zu suchen. Im Verlauf der Montage erfolgen die Kontrolluntersuchungen bis zur 32. Schwangerschaftswoche alle vier, danach alle zwei Wochen. Wird der Liefertermin überschritten, verkürzt sich der Zyklus auf alle zwei Tage.

Arbeitsweise: Bei jeder Kontrolle führt die Hebamme – oder der Gynäkologe – im Wesentlichen folgende Maßnahmen durch:

- Sie misst Blutdruck und Gewicht.
- Sie ermittelt den Eisengehalt des Blutes und die Blutgruppe, untersucht das Blut auf Infektionserreger und Antikörper und testet den Urin auf Eiweiß, Blut, Zucker und Nitrit.

- Durch äußerliche Untersuchung stellt sie fest, ob das Produkt normal wächst und richtig liegt.
- Sie hört das Herz ab.
- Sie erkundigt sich nach dem körperlichen und psychischen Zustand der Produzentin.
- Sie führt ein Gespräch über die gewünschte Lieferadresse des Produkts.

Dauer: Eine Kontrolle dauert etwa 40 Minuten.

Tipp: Steigern Sie Ihr Engagement und leisten Sie Ihrer Produzentin bei den Kontrollterminen Gesellschaft.

Kosten: übernimmt die Krankenversicherung.

Mütterpflegerin

Beschreibung: Absolventin der derzeit einzigen deutschen Mütterpflegerinnen-Schule in Gießen-Rödgen. Leistet praktische Hilfe, damit Mutter und Baby sich aneinander gewöhnen und von der Geburt erholen können. Sie berät in Gesundheitsfragen und unter anderem in den Themenbereichen Stillen, Produktpflege und hilft bei der Organisation des Haushalts. Im Notfall kann sie Erste Hilfe leisten.

Beauftragung: Frühzeitige Anmeldung (so früh wie irgend möglich) empfiehlt sich.

Dauer: Die Mütterpflegerin kommt in der Regel in den ersten sechs Tagen nach der Geburt für maximal je acht Stunden zu Ihnen. Bei einer Verschreibung durch Arzt oder Hebamme auch länger.

Tipp: Bereiten Sie ihr einen herzlichen Empfang. Machen Sie sich klar, dass sie in der ersten Woche nach Lieferung buchstäblich Ihre Hausgenossin ist und Sie deshalb gut mit ihr auskommen müssen.

Kosten: Die Krankenkassen übernehmen in der Regel die Kosten für die ersten sechs Tage, bei Vorlage eines Attests unter Umständen auch länger.
Mehr Info: www.muetterpflege.de. Website des Vereins für Mütter- und Familienpflege e.V. Er vermittelt deutschlandweit Mütterpflegerinnen.

Kinderarzt

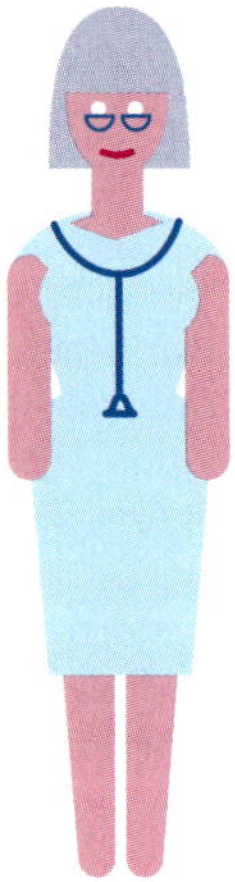

Beschreibung: Spezialisiert auf neue Produkte. Führt an Ihrem Produkt in den ersten sechs Jahren zehn sogenannte U-Untersuchungen durch (wobei, etwas widersinnig, »U« für »Untersuchung« steht). Die Ergebnisse dokumentiert er im Kinder-Untersuchungsheft, auch kurz »Gelbes Heft« genannt.
Beauftragung: Ein paar Tage bis ein paar Wochen vorher.
Arbeitsweise: Bei den Untersuchungen prüft der Kinderarzt eingehend Motorik, Sinnesorgane, Gewicht, Größe und Entwicklung Ihres Produkts. Das Ziel ist Früherkennung: ein zeitiges Aufspüren eventueller Anomalien, damit gegebenenfalls sofort eine Behandlung durch Spezialisten eingeleitet werden kann. Bei zwei bis drei Prozent der untersuchten Kinder werden Anomalien festgestellt. In zwei Dritteln der Fälle ist dies ein allgemeiner Entwicklungsrückstand oder eine Störung der Sprachentwicklung. Daneben führt er auch Hörtests und die erforderlichen Impfungen durch.
Dauer: Eine Kontrolle dauert 20 bis 30 Minuten. In den ersten sechs Wochen nach Lieferung stehen drei solcher Untersuchungen an, wobei die ersten beiden meist noch in der Klinik durchgeführt werden. In den folgenden elf Monaten erfolgt alle drei bis vier Monate eine Kontrolle. Später ist es noch eine Kontrolle pro Jahr. Hier eine Übersicht über die Kontrollbesuche in den ersten zwei Jahren:

- **U1** (zwischen zweiter und vierter Lebensstunde): Prüfung vitaler Funktionen. Das Produkt wird ausführlich betrachtet, abgetastet und abgehört.
- **U2** (zwischen drittem und zehntem Lebenstag): Haut, Organe und Geschlechtsteile werden beurteilt, das Neugeborenenscreening und ein Hörtest durchgeführt.
- **U3** (zwischen vierter und sechster Lebenswoche): Das Hauptaugenmerk gilt hier den Hüften, um eine eventuelle Fehlstellung zu erkennen.
- **U4** (zwischen drittem und viertem Lebensmonat) bis **U7** (im Alter von etwa zwei Jahren): In diesen Untersuchungen wird die zeitgerechte körperliche Entwicklung Ihres Produkts überprüft und werden gegebenenfalls die ersten Impfungen durchgeführt.

Tipp: Betrachten Sie den Kinderarzt als ein Wissenszentrum, an das Sie sich mit allen Fragen wenden können.

Neugeborenenscreening

Bei der U2 wird Ihrem Produkt mit einem Pieks in die Ferse Blut abgenommen. Mit der anschließenden Untersuchung des Blutes wird festgestellt, ob Ihr Baby an einer angeborenen behandelbaren Stoffwechselkrankheit oder Hormonstörung leidet, wie zum Beispiel:

- Konnatale Hypothyreose (angeborene Schilddrüsenunterfunktion, SUF): Ein Mangel an Schilddrüsenhormon beeinträchtigt den Stoffwechsel verschiedener Gewebe und Organe. Da er bei Neugeborenen außerdem zu einer Hirnschädigung führen kann, muss er frühzeitig erkannt werden. Eine SUF tritt bei zirka einem von 3200 Kindern auf. **Mehr**

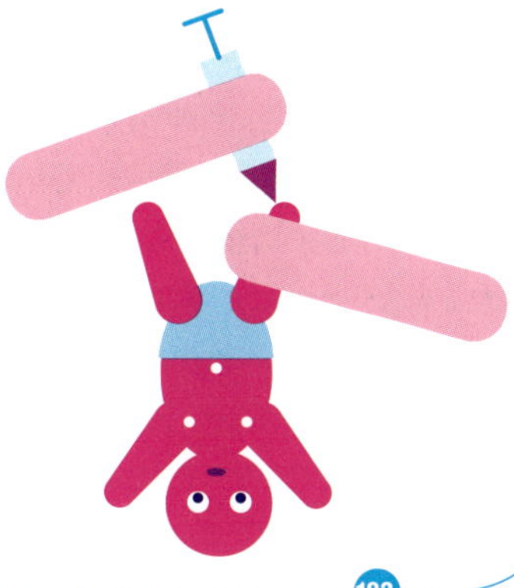

Info: www.forum-schilddruese.de: informative Seite einer gemeinnützigen Organisation, die Eltern und Patienten über die Hypothyreose und andere Schilddrüsenerkrankungen aufklärt.

- Phenylketonurie (PKU): eine unheilbare erbliche Stoffwechselkrankheit, die dadurch entsteht, dass die Leber die Aminosäure Phenylalanin nicht oder nicht ausreichend abbauen kann. Die Substanz reichert sich im Blut an und behindert die Entwicklung des Gehirns und des Nervensystems. An PKU leidet etwa eines von 18 000 Kindern. **Mehr Info:** www.dig-pku.de: Seite der Deutschen Interessengemeinschaft Phenylketonurie.
- Adrenogenitales Syndrom (AGS): eine Erbkrankheit, bei der die Hormonbildung in der Nebennierenrinde gestört ist. In der zweiten bis dritten Lebenswoche können Kinder mit dieser Erkrankung in eine lebensbedrohliche Situation geraten. Sie kann zudem die Entwicklung der Geschlechtsorgane beeinträchtigen. AGS kommt bei einem von 20 000 Kindern vor. **Mehr Info:** www.ags-initiative.de: Seite der AGS-Eltern-und-Patienteninitiative e. V.

Babymanagement par excellence

Im März 2011 traten die neuen »Richtlinien des Bundesausschusses der Ärzte und Krankenkassen über die Früherkennung von Krankheiten bei Kindern bis zur Vollendung des 6. Lebensjahres« (kurz »Kinder-Richtlinien« genannt) in Kraft. Zunächst, im Jahr 1991, hatte es lediglich Empfehlungen »Zur Neuordnung des Neugeborenenscreenings in der Bundesrepublik Deutschland« gegeben, erarbeitet von den Arbeitsgemeinschaften für Pädiatrische Stoffwechselstörungen (APS) und Pädiatrische Endokrinologie (APE). Eine erste Richtlinie – Richtlinie zur Organisation und Durchführung des Neugeborenenscreenings auf angeborene Stoffwechselstörungen und Endokrinopathien in Deutschland – wurde schließlich 1997 verabschiedet.

Die Kinder-Richtlinien haben normativen Charakter und bilden die Grundlage der Finanzierung des Neugeborenenscreenings – oder zumindest eines Teiles davon – durch die gesetzlichen Krankenkassen.

Hörtest

Babys, die Geräusche nicht in allen Tonhöhen gut hören können, tun sich schwer damit, spontan sprechen zu lernen. Regelrechte Taubheit werden Sie selbst feststellen, eine verminderte Hörschärfe könnte Ihnen jedoch entgehen. Deshalb wird ein Hörtest durchgeführt:

- Das OAE-Screening. Bei diesem Test wird eine Sonde ins Ohr Ihres Babys eingeführt, die otoakustische Emissionen auslöst. Otoakustische Emissionen sind Töne, die unter Einfluss von Geräuschen, die von außen kommen, im Ohr selbst erzeugt werden. Das Innenohr (die Hörschnecke), so fand der britische Forscher David Kemp in den 1970er Jahren heraus, reagiert auf Reize damit, dass es selbst Töne erzeugt. Diese für das Funktionieren des Innenohrs entscheidenden Töne werden nach ihm Kemp-Echo genannt. Das schmerzfreie Screening wird meist am schlafenden Kind durchgeführt. In der Sonde, die den Gehörgang verschließt, sind ein winziger Lautsprecher und ein Mikrofon untergebracht. Der Lautsprecher gibt ein Geräusch von sich (einen »Klick«-Ton), dann nimmt das Mikrofon die erzeugten Töne auf, verstärkt sie und leitet sie an einen Computer weiter, der die Emissionen analysiert. Wenn vor allem die äußersten Haarzellen in der Hörschnecke (die das Geräusch an den Gehörnerv weiterleiten) geschädigt sind, bleiben die Emissionen ganz oder teilweise aus und es werden weitere Untersuchungen notwendig.

- Oft ist das erste Hörscreening noch nicht aussagekräftig, da Reste von Fruchtwasser im Gehörgang die Schallleitung beeinträchtigen können oder Störgeräusche von außen oder unruhige Bewegungen des Neugeborenen das Resultat verfälschen können. In einem solchen Fall wird der Test einige Tage später wiederholt.
- Zeigen sich auch bei der Wiederholung Auffälligkeiten, wird eine Hirnstammaudiometrie durchgeführt, mittels derer die Verarbeitung von Geräuschen im Hirnstamm überprüft wird.

Impfung

Um Ihr Kind gegen ansteckende Krankheiten zu schützen, die früher viele Opfer forderten, können Sie es impfen lassen. Eine Impfpflicht besteht nicht, aber ungefähr 95 Prozent der Eltern entscheiden sich dafür, sodass die genannten Krankheiten heute in Deutschland kaum noch vorkommen.

In Ländern, in denen nicht oder zu wenig geimpft wird, fordern Infektionskrankheiten noch immer zahlreiche Opfer.

Diphtherie kann eine schwere Hals- und Luftwegsentzündung mit Erstickungsgefahr auslösen. Auch Herz und Nervensystem können in Mitleidenschaft gezogen werden.

Tetanus (Wundstarrkrampf) blockiert die Nervenzellen, was schwere, schmerzhafte Muskelkrämpfe hervorrufen und das Atmen unmöglich machen kann.

Keuchhusten ist eine kräftezehrende Krankheit, die mit Hustenanfällen und pfeifendem Atem einhergeht. Vor allem bei jungen Babys kann sie schwer verlaufen und bleibende Gehirnschäden verursachen.

Haemophilus influenzae Typ b (Hib) ist ein Erreger, der schwere Krankheiten wie Hirnhaut-, Kehldeckel-, Lungen-, Knochenhaut- und Gelenkentzündung sowie Blutvergiftung auslösen kann. Für eine Hirnhautentzündung können auch andere Erreger als Hib verantwortlich sein; die Hib-Impfung schützt also nicht vor allem Formen bakterieller Hirnhautentzündung.

Kinderlähmung (Poliomyelitis) kann zu irreversiblen Lähmungen führen. Von dieser Krankheit sind überwiegend Kinder zwischen drei und acht Jahren betroffen, selten auch Erwachsene.

Hepatitis B ist eine hochansteckende Form der Leberentzündung, die eine akute Gelbsucht mit Leberfunktionsstörungen hervorruft, mitunter auch mit Todesfolge.

Die **Masern** gehen mit hohem Fieber und einem Hautausschlag einher. Häufig treten Komplikationen wie Lungen- und auch Hirnentzündung hinzu. Auch diese Krankheit kann tödlich verlaufen. Weltweit sterben jährlich fast eine Million Kinder an Masern.

Mumps ist eine Krankheit, die Komplikationen wie Hirn(haut)- und Hodenentzündung nach sich ziehen kann.

Erkrankt eine Schwangere an **Röteln**, kann dies für das ungeborene Kind schwerwiegende Folgen haben: Taubheit, Blindheit, Herzfehler oder geistige Behinderung. Ihr Kind erhält die Impfung zum Schutz anderer schwangerer Frauen, mit denen es möglicherweise in Berührung kommt. Zudem schützt sie Mädchen bei einer späteren Schwangerschaft.

Windpocken sind eine durch Tröpfcheninfektion übertragene Kinderkrankheit, die sich durch Fieber und einen juckenden Hautausschlag mit wasserklaren Bläschen äußert.

Pneumokokken sind gefährliche Bakterien, die es vor allem auf Babys abgesehen haben. Eine Infektion mit diesem Erreger kann unter anderem zu Mittelohr- und Lungenentzündung, Blutvergiftung und sogar Hirnhautentzündung führen.

Meningokokken Typ C sind Erreger, die Hirnhautentzündung oder Meningitis und Blutvergiftung hervorrufen können.

HPV (Humane Papillomaviren) infizieren Epithelzellen der Haut und verschiedener Schleimhäute und können bei den infizierten

Zellen ein unkontrolliertes tumorartiges Wachstum, darunter auch Gebärmutterhalskrebs, hervorrufen.

Hier die Impfempfehlungen der Ständigen Kommission des Robert-Koch-Instituts (STIKO):

Impfung	ab Lebensmonat					ab Lebensjahr	
	2	3	4	11–14	15–23	5–6	9–17
Diphtherie	♦	♦	♦	♦		A	A
Tetanus	♦	♦	♦	♦		A	A
Keuchhusten	♦	♦	♦	♦		A	A
Hib (Haemophilus influenzae Typ b)	♦	♦	♦	♦			
Kinderlähmung	♦	♦	♦	♦			A
Hepatitis B	♦	♦	♦	♦			G
Masern				♦	♦		
Mumps				♦	♦		
Röteln				♦	♦		
Windpocken				♦	♦		◊
Pneumokokken	♦	♦	♦	♦			
Meningo-kokken				♦			
HPV (Humane Papillomaviren)							SM

♦ Grundimmunisierung

◊ Impfung von Jugendlichen ohne Windpockenerkrankung oder -impfung

A = Auffrischimpfung

G = Grundimmunisierung, wenn nicht als Säugling geimpft

SM = Standardimpfung für Mädchen

Mehr Info:

www.rki.de – Seite des Robert-Koch-Instituts mit allen Infos über Infektionskrankheiten, Impfempfehlungen und den einzelnen Impfungen. Impfprogramm.

www.impfkritik.de – »Portal für unabhängige Impfaufklärung« mit ausführlichen Infos über Impfstoffe, Nebenwirkungen und Risiken von Impfungen.

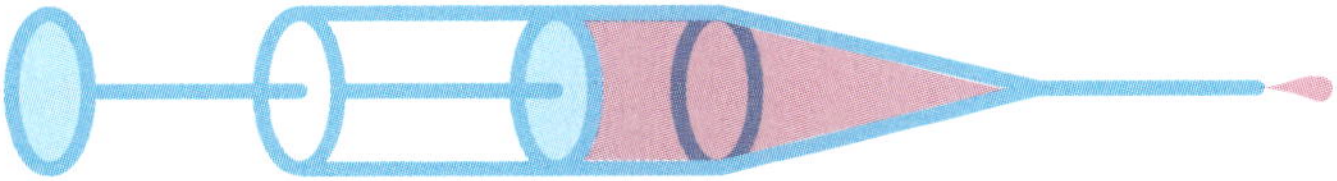

10 Automatisierung

Automatisierung
Automatisierung
Automatisierung
Automatisierung
Automatisierung
Automatisierung
Automatisierung
Automatisierung
Automatisierung

Von der TeddyCam bis zur GPS-Ortung

Von der TeddyCam über den Pyjama mit Bewegungssensoren bis zum implantierbaren Chip, mit dem Sie Ihr Produkt per GPS orten können: Auch als Babymanager kommen Sie nicht an der Automatisierung vorbei.

Kommunikationsmittel

Das klassische Babyphon mit der wackligen Kabelverbindung zwischen Wohn- und Kinderzimmer hat ausgedient. Das moderne Babyphon sendet drahtlos, per Funktechnik, über das Strom- oder das Telefonnetz.

Drahtloses Babyphon

Technik: Verbindung über Radiowellen, zum Beispiel das 27-, 40- oder 433-MHz-Band. Der Frequenzbereich 864 bis 865 MHz ist in ganz Europa für Babyphone reserviert. Da die Sendeleistung von Funk-Babyphonen auf zehn Milliwatt begrenzt ist, bleibt die Reichweite gering. Bei normalem Gebrauch in einer Wohnung ohne Funkbarrieren wie etwa Betonwände ist das jedoch kein Problem. Dafür kann es durch andere drahtlose Geräte wie WLAN oder Funkkopfhörer zu Störungen kommen.

Optionen:

- permanente Verbindung oder geräuschaktiviert
- Außer-Reichweite-Warnton
- Identifikationssignal: Gleichzeitig mit dem Nutzsignal wird ein sogenannter Pilotton gesendet, damit das Babyphon nur anspringt, wenn tatsächlich Ihr Baby weint, und nicht, wenn der Hund von nebenan heult.
- Lautstärkeregelung
- Gegensprechfunktion
- Einschlafmusik
- Temperaturmessung
- Mehrere Sendekanäle
- DECT (Digital Enhanced Cordless Telecommunications), eine von Philips entwickelte Technologie für komplett digitalisierte, fast störungsfreie und nahezu abhörsichere Übertragung.

Reichweite: ca. 100 – 400 Meter.

Pro:

- hohe Mobilität des Empfangsteils
- große Auswahl
- manche Modelle recht preisgünstig
- abhörsicher.

Kontra:

- Störungen möglich, wenn die Kanäle von Amateurfunkern und/ oder anderen Besitzern eines drahtlosen Babyphons benutzt werden. Auf Dauerbetrieb eingestellt, kann das Sendeteil einen (schwachen) Störsender unterdrücken.

Preis: ca. 20 – 300 €.

Hersteller: Philips (www.philips.de, Stichwort »Mutter und Kind«), Angelcare (www.angelcare.de), Audioline (www.audioline.de), reer (www.reer.de).

Babyphon am Stromnetz

Technik: Plug & Play: Sie stecken das Sendeteil im Kinderzimmer und das Empfangsteil im Schlafzimmer in die Steckdose. Die Geräusche werden über das Stromnetz übertragen.

Reichweite: 100 – 300 Meter.

Pro:

- einfach.

Kontra:

- Andere Geräte, zum Beispiel Fernseher, Waschmaschine und Computer, können Störungen verursachen und/oder selbst gestört werden.
- leicht abzuhören
- Empfangs- und Sendeteil müssen am selben Stromkreis angeschlossen sein. Die meisten Wohnungen haben jedoch mehrere Stromkreise. Prüfen Sie daher vorab, ob Kinder- und Wohn-/Elternschlafzimmer an ein und demselben Stromkreis hängen.

Preis: 20–100 €.

Hersteller: Philips (www.philips.de, Stichwort »Mutter und Kind«), Angelcare (www.angelcare.de), Audioline (www.audioline.de), reer (www.reer.de).

Babyphon mit Kamera

Technik: Sie haben die Wahl zwischen einer Überwachungskamera, die Sie an Fernseher oder Videogerät anschließen können, und einer (teureren) Variante, die speziell zur Babyüberwachung entwickelt wurde. Bei ihr sind ein Empfangsgerät mit LCD-Monitor und eine kleine Kamera drahtlos miteinander verbunden. Achtung: Kameras, die in einem Teddybären versteckt sind, sogenannte TeddyCams, sind – wie alle nicht als solche erkennbaren Sendeanlagen – in Deutschland verboten.

Optionen:

- integrierte Infrarotleuchte zur Überwachung im Dunkeln
- Video- und Audiokontrolle nach Wahl
- Geräuschaktivierung – die Kamera sendet nur dann Bilder, wenn das Baby Laute von sich gibt.

Reichweite: ca. 100 Meter

Pro:

- lückenlose Kontrolle
- Nachtüberwachung
- mehrere Anwendungen möglich.

Kontra:

- teuer.

Preis: 50–300 €.

Hersteller: Philips (www.philips.de), reer (www.reer.de), Enox (www.enox-deutschland.de).

Babyphon über Handy

Technik: Kombiniert das Babyphon mit dem Komfort eines Mobiltelefons. Sie schließen das Gerät mit einem Telefonstecker ans Festnetz an und stellen es ins Kinderzimmer. Sobald das eingebaute, präzise einstellbare Mikrofon ein Geräusch registriert, werden Sie automatisch auf der eingegebenen (Mobil-)Telefonnummer angerufen. Auf dem Display sehen Sie, dass Sie von dem Gerät angerufen werden. Sie können das Gerät auch selbst anrufen, um Ihr Kind zu hören. Zusätzlich lassen sich ein Bewegungs- und ein Brandmelder anschließen.

Reichweite: unbegrenzt.

Pro:

- funktioniert überall, auch im Ausland,
- Sie sind immer und überall erreichbar,
- keine Probleme mit Senderstörungen.

Kontra:

- muss programmiert werden,
- Telefonkosten.

Preis: ca. 50 – 300 €.

Hersteller: www.babymobile.de bietet eine Software, um Ihr Handy zum Babyphon zu programmieren; reer (www.bebetel.de).

Sprechfunkgerät mit Babyphon-Funktion

Technik: Sprechfunkgeräte funktionieren auf dem PMR446-Frequenzband. Dank der beträchtlichen Sendeleistung ist die Empfangsqualität hervorragend. Wegen der Begrenztheit des LPD-Bandes wurden Sprechfunkgeräte mit automatischer Sprachsteuerung (VOX-Funktion) entwickelt, die als Babyphon fungieren können. Aber: Offiziell sind Babyphone auf dem PMR466-Band nicht zugelassen.

Reichweite: bis ein Kilometer.

Pro:

- keine Probleme mit Funkbarrieren wie Betonwänden,

- vielseitig einsetzbar,
- Radioqualität.

Kontra:

- muss programmiert werden,
- erfordert einiges Interesse an Funktechnik.

Preis: ab 90 € für ein Set.

Hersteller: Kenwood (www.kenwood.de), Alan Electronics (www.alan-germany.com).

Kindstodprävention

Die Gefahr des plötzlichen Kindstodes lässt sich mit elektronischen Hilfsmitteln verringern. Lassen Sie sich aber nicht verrückt machen von unheilverkündenden Prospekten und schaffen Sie solche Hilfsmittel nur auf ärztlichen Rat an.

Babyphon mit Bewegungsmelder

Technik: Das Gerät besteht aus mit Sensoren ausgestatteten Matten, die unter die Matratze des Babys gelegt werden. Erfasst das Gerät 20 Sekunden lang keine Bewegung, löst es Alarm aus.

Reichweite: bis ein Kilometer.

Preis: 50 – 160 €.

Hersteller: Angelcare Monitors Inc. (www.angelcare.de) u. a.

Krippentod-Monitor

Technik: Bei diesem System namens »Mamagoose« handelt es sich um einen Pyjama mit eingebauten Sensoren, die Atemfrequenz und Herzschlag des Babys registrieren.

Preis: noch nicht bekannt.

Hersteller: Verhaert (www.verhaert.com)

Einschlafhilfen

Einschlafbär

Technik: Teddybär mit Geräusch- und Bewegungssensor: Im Inneren des Kuscheltiers ertönen dieselben Geräusche wie in Mamas Bauch, sobald das Baby sich bewegt, weint oder den Bären schüttelt.
Preis: ca. 35 – 45 €. **Hersteller:** Prince Lionheart (www.princelionheart.com), Babiage (www.babiage.com).

Intelligentes Nachtlicht

Technik: Nachtlicht mit Geräuschsensor: Fängt das Baby an zu weinen, leuchtet das Licht heller, und es ertönt Musik.
Preis: ab 20 €. **Hersteller:** Chicco (www.chicco.de) u. a.

Diaprojektor

Technik: Ein Diaprojektor – zum Beispiel in Form einer Ferkelschnauze – wirft, von Schlafmusik begleitet, Bilder an die Decke,
Preis: ab 20 €. **Hersteller:** Philips (www.philips.de) u. a.

Anwendungen für Ihr Handy

Kindernamen wählen, Wachstum und Entwicklung verfolgen, Einschlafgeräusche erzeugen – für die verschiedensten Dinge wurden Anwendungen entwickelt. Hier eine Auswahl der (un-)brauchbarsten Apps:

Babymonitor Diese App macht Ihr iPhone zum Babyphon. Platzieren Sie Ihr iPhone neben dem Baby. Sobald das Gerät ein Geräusch

registriert, ruft es eine Nummer Ihrer Wahl an. Sie können dann die Geräusche im Babyzimmer hören.
Mehr Info: www.codegoo.com/page/baby-monitor.

Cry Translator In Ermangelung anderer Kommunikationsmittel weinen Babys nun mal viel. Aber was wollen sie damit eigentlich kundtun? Hunger? Schwitzen? Frieren? Diese App analysiert das Weinen und gibt Empfehlungen, wie das Baby zu beruhigen ist. Gab bei einem Test innerhalb von zwei Minuten drei verschiedene Empfehlungen, ist also nicht unbedingt verlässlich. Hat dennoch auf der spanischen Insel Menorca einen Innovationspreis gewonnen.
Mehr Info: www.crytranslator.com.

Total Baby App mit allerlei praktischen Features, die Sie über Ihr Baby auf dem Laufenden halten. Wann hat es zuletzt sein Fläschchen bekommen? Wann ist es zuletzt gewickelt worden? Geben Sie die Daten ein, und Sie vergessen nichts mehr. Schönes Interface. **Mehr Info:** www.andesigned.net.

White Noise Maker Mit dieser App – auch für Blackberry- und Android-Telefone erhältlich – verfügen Sie über mehr als 40 Umgebungsgeräusche, mit denen Ihr Kind ruhig einschlafen kann: Staubsauger, Herzschlag, eine tickende Uhr, knisterndes Feuer oder Wellenplätschern am Strand. **Mehr Info:** www.tmsoft.com.

Baby Scratch Macht aus Ihrem iPhone einen Plattenspieler, mit dem Sie wie ein DJ scratchen können. Überraschen Sie Ihre Freunde mit dem Weinen Ihres Babys in rhythmischem Beat.
Mehr Info: www.async-games.com/baby.html.

Baby rattle bab bab Rassel verloren? Kein Problem. Diese App macht aus Ihrem iPhone eine veritable Rassel. Wenn Sie das Gerät schütteln, gibt es allerlei Geräusche von sich und auf dem Bildschirm erscheinen Bilder, die Ihr Baby neugierig machen.

Scribble Macht das Display Ihres Telefons zu einem digitalen Skizzenblock mit Palette. Ihr Kind kann mit dem Finger darauf zeichnen; um die Zeichnung zu löschen, brauchen Sie das Gerät nur zu schütteln. **Mehr Info:** www.zintin.com.

Bubbles Von einem Vater entwickelt, der sein Kind auf einer langen Flucht nach Korea ablenken wollte. Auf dem Bildschirm erscheinen Luftblasen, mit denen Ihr Kind spielen kann.
Mehr Info: www.hogbabysoftware.com/products/bubbles.

Baby Shaker Berüchtigte App, mit der sich Babyhasser für Babygeschrei rächen konnten. Auf dem Bildschirm erschien ein schreiendes Baby, das nur durch heftiges Schütteln (mit dem iPhone) zu beruhigen war. Nach einer Flut von empörten Reaktionen zog Apple diese Applikation zurück. Trotzdem neugierig? Auf YouTube findet man den Baby Shaker noch.

Digitale Spurensucher

Dass Sie Ihr Baby im Kinderzimmer beobachten können, ist nur der erste Schritt. Nicht mehr lange, und Sie können Ihrem Kind über die ganze Welt folgen …

Implantierbarer Chip

Technik: Wenn es nach der amerikanischen Firma Applied Digital Solutions geht, erscheinen Sie in einigen Jahren mit Ihrem Kind beim Arzt und bitten ihn, einen Chip unter die Haut des Kleinen zu implantieren. Dieser »digital angel«, ein reiskorngroßer Embedded Chip, kann senden und empfangen, er enthält ein System, das Körperfunktionen registriert, und ist mit GPS ausgestattet. Damit gehört die Angst, Ihr Kind könnte spurlos verschwinden, der Vergangenheit an, denn Sie wissen immer, wo es sich aufhält. 2004 erhielt Applied Digital Solutions die behördliche Genehmigung, den patentierten Chip, der bei Tieren schon länger Verwendung findet, Menschen einzusetzen. Das Unternehmen hat auch weniger umstrittene Spurensucher entwickelt, Hugs und HALO etwa, bei denen der Chip nicht unter der Haut, sondern an einem Armband getragen wird.

Preis: ab 200 €.

Hersteller: Applied Digital Solutions (www.digitalangel.com). Infos über Hugs finden Sie unter www.stanleyhealthcare.com, alles über die Chip-Technologie unter www.positiveidcorp.com.

Tipps für Babymanager

Der technologische Fortschritt macht immer mehr automatisierte Überwachungssysteme verfügbar. Einige Experten, unter ihnen Professor Frank Furedi, Autor des Buches *Warum Kinder mutige Eltern brauchen,* warnen vor einem Sicherheitswahn in Bezug auf das eigene Kind. »Kinder sind zwar verwundbare Wesen«, schreibt er, »aber vor allem sind sie auch vielseitig und stark.« Das Ausschalten von Risiken schaffe eine Welt voller neuer Gefahren, weil es die Entwicklung des Kindes behindere, meint Furedi. Doch angesichts des Untertitels der Originalausgabe seines Buches *(Why Ignoring the Experts May be Best for Your Child – Warum es das Beste für Ihr Kind sein kann, die Experten zu ignorieren)* wird er es Ihnen nicht übelnehmen, wenn Sie die Meinung auch dieses Experten ignorieren.

11 Gewinn & Verlust

Gewinn & Verlust

1N
34
6
75
8
9
0

Investition

Entwicklung und Lancierung Ihres Produkts erfordern über mehrere Jahre erhebliche Investitionen an Geld, Zeit und Aufmerksamkeit, die Rendite aber bleibt ungewiss. In diesem Kapitel erhalten Sie Einblick in das Gewinnpotenzial Ihres Produkts und in die Planungsmethoden, die Ihnen das Erreichen der anvisierten Resultate garantieren.

Finanzielle Planung

»Ein Kind kostet einen Porsche«, sagt man in Deutschland. Diesen Spruch bestätigt auch das Statistische Bundesamt. Demnach kostet ein Kind eine Familie mit einem monatlichen Durchschnittseinkommen um die 550 € pro Monat, das macht etwa 6600 € pro Jahr. Darin sind sämtliche Posten enthalten, also Wohnkosten, Kleidung, Nahrung, Ausbildung etc. Mit anderen Worten: Allein bis zu seiner Volljährigkeit kommt Sie Ihr Kind auf etwa 120 000 €. Mit dieser Summe in der Tasche wird man beim Porschehändler in der Tat mit offenen Armen empfangen. Der Preis für das Einstiegsmodell der weltberühmten Rennpferdeserie, den Porsche Boxster, liegt bei 47 000 € aufwärts. Aber ach: »Das Leben besteht aus Entscheidungen«, so lautet, frei übersetzt, ein anderer Spruch. Einen Trost gibt es jedoch: Je mehr Kinder Sie bekommen, desto billiger werden sie – relativ gesehen. Bei zwei Kindern sinken die durchschnittlichen Kosten auf etwa 480 € je Kind, bei drei Kindern auf je 450 €. Wenn Sie also am Ball bleiben …

Etat

Sie können keinen größeren Fehler machen als zu glauben, richtig teuer wird es erst, wenn Ihr Kind größer wird. Ihr Baby mag ja mit einer Rassel zufrieden sein und Ihnen noch nicht wegen des neuesten Handys in den Ohren liegen, aber es fallen saftige einmalige Ausgaben an, und zu den Fixkosten kommen die Kosten für Kinderbetreuung und Babysitten hinzu. Außerdem wird Ihre Frau höchstwahrscheinlich weniger arbeiten. Höchste Zeit also, einen Etat aufzustellen.

Ihr Etat

Nehmen Sie diese Tabelle als Basis und legen Sie die monatlichen Beträge zugrunde. Auf den folgenden Seiten finden Sie Erklärungen bzw. Hinweise zu den einzelnen Posten.

	Einnahmen	Ausgaben	
Kindergeld	....	....	Wohnen
Steuerfreibetrag, Sonderausgaben	....	....	Telefon
Kinderermäßigung	....	....	Versicherungen
Sonderbeihilfen	....	....	Ausbildung
Steuerfreibetrag f. Kinderbetreuung	....	....	Kinderbetreuung
(Halb-)Waisenrente	....	....	Babysitter
		....	Transport
		....	Einrichtung und Ausstattung
		....	Gesundheit
		....	Freizeit
		....	Körperpflege
		....	Nahrung
		....	Kleidung
Total	....	....	

Ausgaben

Mit welchen Ausgaben müssen Sie im ersten Jahr mindestens rechnen?

Wohnen

Sind Sie Mieter? Dann gehen Sie von der Kaltmiete aus. Besitzen Sie eine Eigentumswohnung? Dann berechnen Sie die Wohnkosten, indem Sie von den Gesamtkosten eine eventuelle Steuerersparnis abziehen. Die Hälfte einer Wohnung wird in der Regel gemeinsam genutzt, teilen Sie die Kaltmiete oder die Netto-Wohnkosten also durch 2. Teilen Sie den verbleibenden Betrag durch die Zimmerzahl Ihrer Wohnung. Multiplizieren Sie das Ergebnis mit der Zahl der benötigten Kinderzimmer, und Sie gewinnen einen realistischen Eindruck von Ihren künftigen Wohnkosten. Rechnen Sie mit einer Steigerung der Nebenkosten wie Gas, Strom und Wasser um zehn Prozent.

Telefon

Die monatlichen Fixkosten bleiben unberücksichtigt. Gehen Sie wegen der vermehrten Kontakte mit Verwandten, Babysittern, Behörden etc. von einem Anstieg der Gesprächskosten um 25 Prozent aus – sofern Sie keine Flatrate haben.

Versicherungen

Sind Sie und Ihre Ehefrau gesetzlich krankenversichert, ist Ihr Kind automatisch kostenlos mitversichert. Sind Sie beide in einer privaten Krankenkasse, müssen Sie auch für Ihr Kind Beiträge zahlen. Bei »gemischten Versicherungen« hängt vom Einkommen des privat Versicherten ab, wie Ihr Kind zu versichern ist.

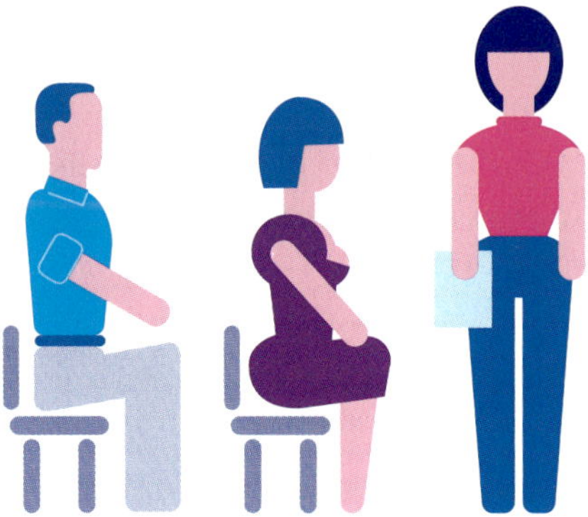

Ausbildung

Schulen sind im Prinzip kostenlos. Mehrkosten entstehen durch verschiedene Lehrmittel, Schulausflüge etc.

Kinderbetreuung

Die Kosten für Kinderbetreuung, die ja in Form und Umfang höchst unterschiedlich sein kann, variieren stark. Eine Übersicht finden Sie auf S. 128–130.

Babysitter

Babysitterkosten richten sich nach Ihrem Wohnort (in der Großstadt liegen sie höher als in einer kleinen Gemeinde) und dem Aufwand (zum Beispiel: Schläft das Baby schon, wenn der Babysitter kommt, oder muss er es ins Bett bringen?). Rechnen Sie mit 6 bis 10 € pro Stunde.

Transport

Auto: Veranschlagen Sie 0,30–0,45 €/km für die Strecken, die Sie ausschließlich Ihres Kindes wegen fahren (Wegbringen, Abholen etc.).

Öffentliche Verkehrsmittel: Kinder bis einschließlich fünf Jahren fahren mit der Deutschen Bahn umsonst, Kinder von sechs bis einschließlich 14 fahren unter bestimmten Voraussetzungen ebenfalls umsonst oder zahlen allenfalls den halben Preis. Auch in Bus und Straßenbahn gelten für Kinder ermäßigte Preise. Alle Informationen finden Sie unter www.bahn.de oder auf der Website des Nahverkehrs Ihrer Stadt/Gemeinde.

Einrichtung und Ausstattung

- **Hardware**

Unter diesen Posten fallen die Kosten für Renovierung und Einrichtung des Kinderzimmers. Rund 500 € kosten Tapete, Wandfarbe und Vorhänge für ein zehn Quadratmeter großes Zimmer. Die Kosten für Kinderwagen, Autositz und Laufstall können stark variieren, von gratis ausgeliehen bis 1500 € für die teuersten Kinderwagen. Die Grundausstattung im Babyzimmer – Wickelauflage, Wiege oder Bettchen, Matratze, zwei Babywolldecken, sechs Bettlaken, Betteinlage und zwei Moltontücher – kommt auf etwa 250 €. Teilen Sie die Gesamtausgaben für diesen Posten durch zwölf und Sie erhalten den monatlichen Betrag.

- **Software**

Addieren Sie hier Ihre Ausgaben für Spielzeug, Bücher, Sport und Hobbys.

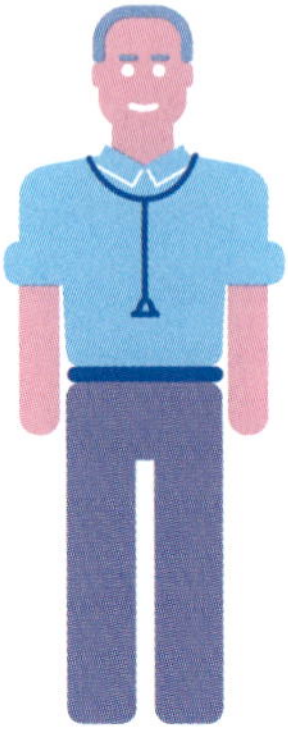

Gesundheit

Dieser Posten enthält folgende Ausgaben:

- Krankheitskosten, die Ihre Krankenversicherung nicht übernimmt,
- Krankenversicherung, falls Ihr Kind privat versichert ist.

Freizeit

Berechnen Sie hier den Kinderanteil an den Kosten für Ausflüge in Freizeitparks wie Phantasialand, Legoland oder Europa-Park.

Körperpflege

Lotionen, Cremes, Shampoos, Seife: Rechnen Sie für die tägliche Pflege Ihres Kindes, Windeln ausgenommen, mit etwa 7 € pro Monat. Ein Kind verbraucht, bis es sauber ist, durchschnittlich 4500 Windeln. Wenn Sie Wegwerfwindeln verwenden, sieht die Kostentabelle so aus:

Typ	Gewicht Baby	Min. Preis	Max. Preis	Durchschnittspreis	Verbrauch	Kosten
Neugeb.	2–5 kg	0,16 €	0,31 €	0,23 €	900	207 €
Midi	4–9 kg	0,13 €	0,38 €	0,25 €	900	225 €
Maxi	7–18 kg	0,13 €	0,45 €	0,29 €	900	261 €
Junior	11–25 kg	0,16 €	0,50 €	0,33 €	900	297 €
XL	15–30 kg	0,22 €	0,50 €	0,36 €	900	324 €
Total					**4500**	**1314 €**

Stoffwindeln sind 25–50 Prozent billiger.

Taschengeld

Zögern Sie das Erklären dieses Wortes so lange wie möglich hinaus, aber wenn Ihr Kind sechs wird, müssen Sie dran glauben. Das Taschengeld müssen Sie allerdings nicht separat verbuchen, denn was Ihr Kind sich selbst kauft, brauchen Sie ihm nicht mehr zu kaufen.

Nahrung

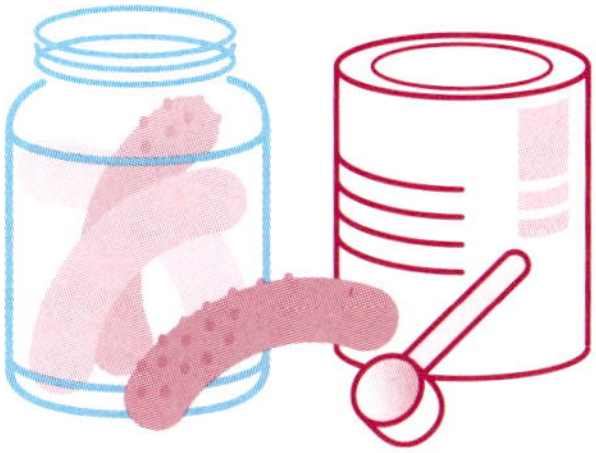

Dieser Posten enthält die Kosten für Mutter und Kind:

- Zusatznahrung Mutter während der Schwangerschaft – 0,20 €/Tag
- Zusatznahrung Mutter während der Stillzeit – 0,70 €/Tag
- Nahrung Baby bis ein Jahr – 1,50 €/Tag
- Nahrung Kinder von ein bis drei Jahren – 2,20 €/Tag

Besteht Ihr Haushalt aus Eltern und zwei oder mehr Kindern, sinken die Kosten pro Kind um zwölf Prozent.

Kleidung

Jacken, Hosen, Schuhe – rechnen Sie mit einer einmaligen Ausgabe von 150 € für die Erstausstattung des Babys und anschließend mit mindestens 40 €/Monat.

Einnahmen

All diesen Ausgaben steht auch einiges an (indirekten) Einnahmen gegenüber.

Kindergeld

Ja, Vater Staat hilft! Das macht Sie aber noch lange nicht reich. Das Kindergeld ist nicht mehr als ein Tropfen auf den heißen Stein. Es beträgt für das erste und zweite Kind je 184 € im Monat, für das dritte Kind 190 € und für jedes weitere 215 €. Beantragen müssen Sie das Kindergeld bei der Familienkasse der Bundesagentur für Arbeit.

Mehr Info: www.arbeitsagentur.de.

Steuerliche Berücksichtigung

Die Kosten für Entbindung und Haushaltshilfe nach der Geburt sind, sofern nicht von der Krankenkasse übernommen, als Außergewöhnliche Belastungen von der Einkommenssteuer absetzbar. Abzugsfähig sind außerdem erwerbsbedingte Kinderbetreuungskosten.

Mehr Info: www.steuernsparen.de.

Kinderzuschlag

Unter bestimmten Voraussetzungen haben Sie Anspruch auf einen Kinderzuschlag:

- Ihr Einkommen als Alleinerziehender muss mindestens 600 €, als Eltern mindestens 900 € betragen und
- darf gleichzeitig die Höchsteinkommensgrenze nicht übersteigen. Die Höchsteinkommensgrenze wird bestimmt durch den elterlichen Bedarf im Sinne der Regelungen zum Arbeitslosengeld II und dem prozentualen Anteil an den angemessenen Wohnkosten (Bemessungsgrenze) sowie dem Gesamtkinderzuschlag.
- Außerdem muss der Bedarf der Familie durch die Zahlung des Kinderzuschlags gedeckt sein, sodass kein Anspruch auf Arbeitslosengeld II/Sozialgeld besteht.

Die Höhe des Kinderzuschlags richtet sich nach dem Einkommen und dem Vermögen der Eltern und der Kinder und beträgt höchstens 140 €/Monat je Kind. Er wird zusammen mit dem Kindergeld monatlich ausgezahlt.

Halbwaisenrente

Wenn Ihre Partnerin verstorben ist, hat Ihr Kind unter Umständen Anspruch auf eine Halbwaisenrente.

Mehr Info: www.rund-ums-baby.de bietet unter dem Stichwort »Finanzen« Informationen zu den verschiedensten Aspekten.

Zeitplanung

Wer ist der ideale Vater?

Seit ich im Jahr 2000 die Website IkVader.nl gestartet habe, werde ich in den Medien immer wieder aufgefordert zu erklären, wie »der ideale Vater« aussieht. In einer Fernsehdiskussion zum Thema »Mutter sein oder Karriere machen?« hing diese Alternativfrage in Neonbuchstaben über einem Tisch, an dem vier *Männer* saßen. Das Thema sei typisch für die heutige Verwirrung in Sachen Vaterschaft, sagte ich in der Debatte. Warum stand da nicht »Vater sein oder Karriere machen?« Weil wir nicht wissen, was genau damit gemeint ist. Was »Mutter sein« bedeutet, darüber sind sich alle einig, aber wofür steht »Vater sein«?

Früher war die Sache glasklar. Ein Vater hatte drei Funktionen: Er brachte das Geld ins Haus, er hatte im Haus das Sagen, und er zeugte die Nachkommen. Diese drei Pfeiler wurden einer nach dem anderen morsch. Frauen sind heute wirtschaftlich selbständig(er), sie warten nicht mehr auf einen Mann, der zu Hause auf den Tisch haut, und selbst was den männlichen Samen anbelangt, sind sie nicht mehr auf Ihren Beitrag angewiesen. Im 19. Jahrhundert, der Blütezeit des Patriarchentums, stand für einen Mann außer Frage, wie er seine Vaterrolle auszufüllen hatte. Zu Beginn des 21. Jahrhunderts dagegen ist diese Rolle alles andere als klar umrissen. Ein junger Vater kann nicht (mehr) auf frühere Generationen zurückschauen. Und nach vorn schauen kann er ebenso wenig: Es gibt kein eindeutiges Bild dessen, was die

Gesellschaft von einem modernen Vater erwartet. Ist »Vaterschaft« eine Art Hilfsmutterschaft? Bedeutet die Entscheidung für »Vaterschaft«, dass man mindestens einen Tag weniger pro Woche arbeiten sollte?

Exit pater familias

Anders als die hitzigen Debatten über Mutter- und Vaterrolle vermuten lassen, bestand zwischen Mann und Frau jahrhundertelang Konsens über die Verteilung der Erziehungsaufgaben: Sie übernahmen sie gemeinsam. Von der Germanen- und Römerzeit bis vor etwa anderthalb Jahrhunderten blieb sich die Rolle des europäischen Vaters mehr oder weniger gleich: Er war das Sprachrohr der Familie, der Ratgeber, der Ernährer, der Beschützer und vor allem: Zu Hause war er für seine Kinder da. Den Wendepunkt in der Geschichte der Vaterschaft brachte die Industrielle Revolution. Bis 1850 waren Arbeit und Privatleben kaum voneinander getrennt. Arbeitsplatz und Haushalt bildeten eine Einheit. Der weitaus größte Teil der Männer bebaute das Land rings um das Haus oder verdiente den Unterhalt der Familie mit einem Handwerk, das im Umkreis des Hauses ausgeübt wurde – Schmied, Schneider, Schuhmacher. Die zweite Hälfte des 19. Jahrhunderts war von einer ganzen Reihe von Erfindungen gekennzeichnet, die den Gebrauch neuer Materialien (Gusseisen und Stahl) und die Nutzung neuer Energiequellen (Dampf, Kohle, Erdöl und Strom), Transportmittel (Dampfschiff, Lokomotive) und Kommunikationsmittel (Telegraf, Radio) ermöglichten. Diese Erfindungen führten zu tiefgreifenden Veränderungen in Technologie, Wirtschaft und Kultur. Die effiziente Anwendung der neuen Techniken in großem Stil machte eine neue Form der Arbeitsorganisation notwendig. Wohn- und Arbeitsstätte lagen nun nicht mehr zusammen, der Vater ging morgens aus dem Haus, in die Fabrik oder ins Büro. »Die einschneidendste Auswirkung des Modernisierungsprozesses auf das Familienleben besteht zweifellos darin, dass Väter und andere Ernährer nicht mehr den ganzen Tag persönlich in der Familie anwesend sind«, schreibt der englische Familienhistoriker Peter Laslett. »Die ständige Anwesenheit des Vaters muss von großem Einfluss auf die Familien und Haushalte in der Zeit vor der Industriellen Revolution gewesen sein.« Der Übergang verlief natürlich nicht reibungslos. Die englische Familienhistorikerin Adrienne Burgess weist darauf hin, dass die ersten Generationen von Fabrikarbeitern zum großen Ärger ihrer Arbeitgeber bei jeder passenden und unpassenden Gelegenheit Pause machten und sich für ihre Familienfeste unerlaubt freinahmen. Arbeitszeitverkürzung? Urlaub? Nie gehört! Nach und nach aber ließen sich die Männer zu Fabrik- oder Bürosklaven abrichten, und schließlich wurde die Karriere zu ihrem höchsten Lebensziel. Nach 20 Jahrhunderten, in denen der Mann die Kinder mit großgezogen hatte, wurde sein Zuhause zum Reich der Frau.

Die nun eintretende Idealisierung der Mutter höhlte seine Rolle weiter aus. Immer mehr von seinen Aufgaben übernahm seine Frau – oder die Schule. Der *pater familias* von einst wurde zum *homo laboriosus* und schließlich zum *homo ludens*. Wenn er abends erschöpft nach Hause kam, durfte er gerade noch kurz mit den Kindern spielen.

Ein paar Zahlen

Das Erbe der Industriellen Revolution ist noch quicklebendig: Von einer gleichwertigen Verteilung der Erziehungsaufgaben sind die meisten westlichen Familien weit entfernt. 1976 ergab eine Studie, dass Väter im Durchschnitt nur eine einzige Stunde pro Woche für ihre Kids zuständig waren, die Mütter, die außerdem auch 90 Prozent der Hausarbeit verrichteten, dagegen durchschnittlich 40 Stunden. 1988 war der Vater eines neun Monate alten Babys in der Zeit, in der sein Kind wach war, im Mittel dreieinhalb bis vier Stunden pro Tag zu Hause; drei Viertel dieser Zeit beschäftigte er sich aktiv mit seinem Kind. Heute warten Väter nicht mehr, bis das Kind aus den Windeln heraus ist, um ihre Rolle zu übernehmen. Australische Väter widmeten ihren

Sprösslingen zwischen 1987 und 1992 zwei Stunden pro Woche mehr. Der Anteil deutscher Männer an »unbezahlter Arbeit« – ein Begriff, der sowohl Haushalts- als auch Kinderbetreuungsaufgaben umfasst – hat sich in den letzten 20 Jahren zwar ein bisschen an den der Frauen angeglichen, allerdings nicht, weil sich Männer nun tatsächlich stärker engagieren, sondern weil die Frauen den Zeitaufwand für unbezahlte Arbeit reduziert haben. Aber noch immer leisten Frauen laut einer OECD-Studie von 2011 pro Tag gut eineinhalb Stunden mehr unbezahlte Arbeit als Männer. Ein Hauptgrund für die Differenz liegt darin, dass Frauen viel weniger bezahlte Arbeit verrichten. Für viele Frauen ist der Mutterschaftsurlaub der Einstieg in die Teilzeitarbeit. Von den berufstätigen Frauen, die 2008 minderjährige Kinder hatten, arbeiteten 69 Prozent in Teilzeit. Etwa 40 Prozent aller berufstätigen Frauen haben Jobs mit zwölf bis 34 Wochenstunden, während fast 90 Prozent der Männer 35 oder mehr Stunden arbeiten. Auffallend ist, dass Männer, je jünger ihre Kinder sind, desto mehr außer Haus arbeiten und desto weniger Betreuungsaufgaben übernehmen. Im Vergleich zu Vätern älterer Kinder (>14 Jahre) und selbst zu (alleinstehenden oder in Wohngemeinschaft lebenden) Männern ohne Kinder bringen junge Väter die meisten Stunden damit zu, den Unterhalt für die Familie zu verdienen. Nur fünf Prozent arbeiten nach der Geburt eines Kindes weniger.

Wollen, aber nicht können

Die Männer hätten es gern anders, so sagen sie zumindest. In Umfragen erklären sie regelmäßig, sie würden gern mehr Zeit mit ihren Kindern verbringen und sogar aktiver im Haushalt mitarbeiten. Gleichzeitig führen sie alle möglichen Gründe dafür an, warum dieser »Wunsch« nicht in Erfüllung gehen kann. Die meisten sagen, sie würden sich stärker an der Betreuung der Kinder beteiligen, wenn ihre Arbeit es zuließe oder wenn es finanziell machbar wäre, und einige sogar, wenn es nicht auf Kosten von Hobbys und Sport ginge. Etwa die Hälfte der

Befragten meint zudem, sie bräuchten nicht mehr zu tun, denn sie könnten es ohnehin nicht so gut wie ihre Frau: Sie vertreten die These, dass niemand besser für die Kinder sorgen könne als die Mutter.

Manche Mütter beklagen diese männliche Haltung des »Wollens-aber-nicht-Könnens«. Andererseits ist die Betreuung der Kinder ein Terrain, das sie nur ungern preisgeben, auch wenn sie noch so laut das Gegenteil behaupten. Eine amerikanische Meinungsumfrage ergab vor einigen Jahren, dass 60 bis 80 Prozent der Mütter nicht wünschen, dass sich die Väter aktiver an der Erziehung beteiligen. Deutsche Mütter sind da zwar großzügiger, aber auch von ihnen sehen viele in der Tatsache, dass sie das Kind zur Welt bringen, eine Legitimation dafür, als erstverantwortliche Hauptbezugsperson aufzutreten.

Wollen und auch tun!

Angenommen, alle Hindernisse wären aus dem Weg geräumt: Wie sieht der ideale Vater dann aus?

- **Er ist Mit-Ernährer.**

Der Beruf als Lieferant von Selbstachtung und Geld ist für ihn nach wie vor eine wesentliche Triebfeder, aber er begreift, dass er seinen Wert als Vater mehr Faktoren verdankt als nur dem Generieren von Einkommen.

- **Er ist engagiert.**

Er verbringt *quality time* mit seinen Kindern und liest ihnen vor, er balgt sich und treibt Sport mit ihnen, er hilft ihnen bei den Hausaufgaben und sonstigen Problemen, er ist immer ansprechbar und erreichbar.

- **Er ist mit zuständig.**

Vater und Mutter sorgen gemeinsam für emotionale Ausgeglichenheit, körperliche Gesundheit und finanzielle Sicherheit der Kinder.

- **Er ist konsequent.**

Sein Verhalten ist so kalkulierbar wie die Uhrzeit. Er weiß, dass Kinder mehr aus dem lernen, was er tut, als aus dem, was er sagt.

- **Er ist fürsorglich.**

Er ist in der Lage, Geborgenheit zu bieten und Zuneigung, Ermutigung, Trost und Bestätigung zu spenden (und zu empfangen).

- **Er vermittelt Disziplin.**

Er kann unakzeptablem Verhalten Grenzen setzen, nicht mit Drohungen oder Gewalt, sondern auf der Basis der engen Bindung, die er zu seinem Kind aufbaut.

Hier eine Eselsbrücke, mit der Sie sich die Eigenschaften des idealen Vaters merken können:

V (Verfügbarkeit) **A** (Aufmerksamkeit) **T** (Treue) **E** (Ehrlichkeit) **R** (Regelmäßigkeit).

Zeitmanagement!

Überschlagen Sie sich nicht in Ihrem Ehrgeiz, die Rolle des »idealen Vaters« zu spielen. Widmen Sie Ihrer Familie so viel Zeit und Aufmerksamkeit, wie Sie es für nötig halten. Streben Sie ein befriedigendes Gleichgewicht an. Ihr eigenes Glück ist das beste Beispiel, das Sie geben können. Zeitmangel? Hier sechs Tipps zum Zeitmanagement:

1. Organisieren Sie Ihre beruflichen und privaten Aufgaben. Erstellen Sie zusammen mit Ihrer Partnerin einen Plan zur Verteilung von Haushalts- und Betreuungsaufgaben. Führen Sie einen gemeinsamen Terminkalender und sprechen Sie Ihre Termine mindestens einmal in der Woche miteinander ab. Bauen Sie Zeitreserven für unvorhergesehene Ereignisse ein.
2. Tun Sie alles, was gleich geschehen muss, auch wirklich gleich.
3. Schließen Sie eine Sache ab, machen Sie kurz Pause und nehmen Sie dann die nächste in Angriff.
4. Eliminieren Sie externe Zeitfresser: unerwartete Anrufe, Mails und/oder Besuche? In die Warteschleife damit!
5. Sagen Sie niemals »Ja«, wenn Sie »Nein« meinen.
6. Schalten Sie Ihr Handy öfter aus.

Rendite

Analysten, Trendbeobachter, Futurologen … Pech gehabt! Nicht einmal Wahrsager können Ihnen einen verlässlichen Indikator für die Gewinnerwartung geben, die sich Glück nennt.

Glückschance

Dass ein Kind Ihre Investitionen mit Glück zu belohnen habe, ist eine Auffassung jüngeren Datums. Ihre Vorgänger setzten viel mehr Kinder in die Welt und mussten hinnehmen, dass einige von ihnen infolge mangelnder Hygiene und Ernährung starben. Die Überlebenden wurden in erster Linie als Altersversicherung betrachtet: Bis zum Tod ihrer Eltern mussten sie für deren Unterhalt aufkommen. Heute stehen Kinder vor der schwierigen Aufgabe, ihren Eltern das undefinierbare Gefühl des Glücks zu verschaffen. Wie groß ist die Chance, dass ihnen das gelingt?

Kindersegen

Wenn das Kind gesund ist und die Mutter sich ohne weitere Komplikationen von der Entbindung erholt hat, steht Ihnen der Weg zum Glück offen – so wird gemeinhin argumentiert. Untersuchungen zeigen, dass die überwiegende Mehrheit der Männer und Frauen eine kinderlose Ehe als unvollständig empfinden: Nicht Geld macht glücklich, sondern Kindersegen. Wissenschaftler zeichnen ein differenzierteres Bild.

Was ist Glück?

Über Tausende von Jahren hatten Philosophen und Geistliche freies Spiel bei der Beantwortung dieser Urfrage menschlicher Existenz. Seit den 1960er Jahren schlägt sich auch die Wissenschaft damit herum. Der Soziologe Ruut Veenhoven von der Rotterdamer Erasmus-Universität hat alle wissenschaftlichen Antworten auf diese Frage in der *World Database of Happiness* zusammengestellt. Veenhoven definiert Glück als »das Maß, in dem ein Individuum die allgemeine Qualität seines Lebens als rundum günstig beurteilt.« Diese Beurteilung wird von externen und internen Faktoren bestimmt. Ein externer Faktor ist beispielsweise die Lebbarkeit einer Gesellschaft (Wohlstand, Freiheit, Rechtsordnung, soziale Sicherheit). Ein interner Faktor ist die Lebenskunst des Individuums (Gesundheit, Fertigkeiten, Genussfähigkeit, die Fähigkeit, angemessene Entscheidungen zu treffen). Natürlich haben Veenhoven und ihre Glücksforscherkollegen auch den Kinderfaktor in ihre Studien einbezogen. Sie verglichen bereits bestehende Untersuchungen darüber, wie Kinder oder Kinderlosigkeit sich auf das Erleben der Ehe auswirken. Tausende von Ehepaaren wurden für diese Studien befragt. Das Ergebnis? Rechnen Sie nicht blind mit rosaroter Euphorie.

Krise

Die Forscher berichten von einer ansteigenden Glückskurve *(honeymoon high)* in der ersten Phase der Ehe mit einer Spitze während der ersten

Schwangerschaft. Nach der Geburt, wenn die sogenannte *parental crisis* eintritt, fällt die Kurve ab. Unter anderem wegen finanziellen Drucks, veränderter Sexualität und Unzufriedenheit mit der Elternrolle machen Mann und Frau eine Phase verminderten Glückserlebens durch. »Auch die besten Kinder der konventionellsten Eltern setzen die eheliche Beziehung unter Druck«, so ein Wissenschaftler. Nach der Geburt des zweiten Kindes fällt die Glückskurve noch weiter ab. Sobald die Kinder aber selbständiger werden und zur Schule gehen, blüht die Beziehung wieder auf. Untersuchungen zeigen, dass eine Ehe ohne Kindersegen dennoch gesegnet sein kann: (gewollte) Kinderlosigkeit scheint das Wohlbefinden im Allgemeinen nicht zu mindern. Vor allem ältere Ehepaare ohne Kinder fühlen sich besser als ihre Altersgenossen mit Kindern.

Nettoergebnis

Ob Ihre Kinder die anvisierte Rendite abwerfen, hängt von mehreren Faktoren ab, zum Beispiel

- **davon, ob es Wunschkinder sind:** Ehepaare, die mehr Kinder bekommen, als sie wollten, haben weniger Freude an ihrer Ehe;
- **von der Art der Beziehung:** Bei Ehepaaren, die eine geschlossene Beziehung führen und emotional stark voneinander abhängig sind, sinkt die Zufriedenheit mit der Ehe, wenn Kinder kommen. Bei Ehepaaren, die vor den Kindern eine offenere Beziehung mit vielen außerhäuslichen Aktivitäten hatten, steigt die Zufriedenheit mit der Ehe nach dem ersten Kind;
- **von der finanziellen Situation:** Wohlhabendere Paare mit Kindern sind dreimal so unzufrieden mit ihrer Ehe wie Paare aus den mittleren und unteren Einkommensgruppen.

Mehr Info: Die *World Database of Happiness* finden Sie unter www.worlddatabaseofhappiness.eur.nl.

Abschreibungsverluste

Schlafzeiten

Der Schlafmangel ist Ihr größter Feind. In den ersten drei Monaten wird das Baby alle drei Stunden gefüttert – ja, auch nachts. Und während Ihre Frau ausschlafen kann, müssen Sie am nächsten Morgen wieder ran. Nach Aussage von Schlafforschern werden die Folgen des Schlafmangels weit unterschätzt. Untersuchungen haben ergeben, dass eine Nacht mit zu wenig Schlaf denselben Effekt hat wie ein Blutalkoholwert von 0,5 bis 1,0 Promille. Die Reaktionsfähigkeit vermindert sich etwa um die Hälfte, Konzentration und Aufmerksamkeit lassen dramatisch nach. Und – erschrecken Sie nicht – man wird dick davon! Bei Schlafmangel schwankt der Insulinspiegel stark, und dadurch neigt man dazu, mehr Süßes zu essen. Im Großen und Ganzen gibt es da zwei Lösungen:

• **Schlafen Sie getrennt.** Vor allem in den ersten Wochen (Monaten) sitzen Sie bei jeder Kleinigkeit senkrecht im Bett. Atmet das Baby noch? Was kam da für ein komisches Geräusch aus der Wiege? Tun Sie sich einen Gefallen: Benutzen Sie Ohrstöpsel und/oder schlafen Sie in einem Zimmer weit weg von der Wiege.

• **Lassen Sie Ihr Kind durchschlafen.** Die glückselige Nacht, in der Ihr Kind zum ersten Mal durchschläft, bricht vielleicht erst in einem Jahr an, aber es kann auch schon nach drei Monaten so weit sein. Fragen, die dabei eine Rolle spielen: Ab wann schläft das Baby in seinem eigenen Zimmer? Können Sie eine Nachtmahlzeit auslassen? Informieren Sie sich genau und seien Sie nicht übertrieben sanftmütig.

Ihr früheres Leben

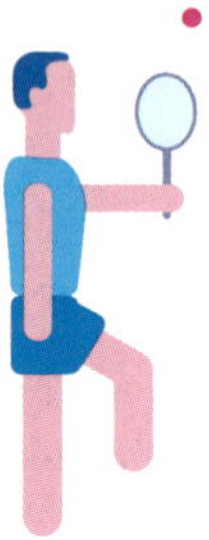

Mit Fabian ins Kino? Mit Jan in die Kneipe? Üben Sie schon mal folgende Antwort: »Sorry, Jungs, aber das geht jetzt nicht mehr so einfach.« Ihr neuer Status schränkt Ihre Freizeit ein. Doch zum Glück gibt es da eine Lösung: akzeptieren. Blicken Sie nicht ständig auf das Meer an Freizeit zurück, das hinter Ihnen liegt. Vergessen Sie Ihr früheres Leben. Suchen Sie nach Möglichkeiten in Ihrem neuen Leben. Kaufen Sie eine Campingliege und nehmen Sie das Baby auf Partys mit.

Ihr früheres Sexleben

Vater zu werden ist etwas Wunderbares, doch auch hier gilt das Naturgesetz: Man bekommt nichts geschenkt. Vielleicht gehören Sie ja zu den Ausnahmen von der Regel, aber bei den meisten Paaren ist das Sexleben nach einer Entbindung nicht mehr das, was es einmal war. Schlafmangel, Zeitmangel, Hormonschwankungen und körperliche Beschwerden Ihrer Partnerin sind die vier größten Spielverderber. Übertrieben? In Umfragen geben 50 Prozent der Frauen freimütig zu, dass sie im ersten Jahr nach der Entbindung weniger Lust auf Sex haben. Ein häufiger Grund liegt darin, dass sie zu sehr Mutter sind: Sie befriedigen ihre Bedürfnisse nach Intimität und Körperkontakt in der Beziehung zum Kind. Männer neigen dazu, sich in die Arbeit zu stürzen. Aber keine Sorge: Experten zufolge kehrt die sexuelle Lust zurück. Allerdings müssen Sie etwas dafür tun! Achten Sie darauf, dass die Liebesbeziehung, aus der das Kind hervorgegangen ist, nicht zur Haushaltsmaschinerie verkommt. Reservieren Sie in Ihrem gemeinsamen Terminkalender einen Abend pro Woche füreinander. Gehen Sie zusammen aus, verführen Sie Ihre Partnerin und entdecken Sie immer wieder neu, warum Sie sich mit ihr auf dieses Abenteuer eingelassen haben.

Gewinn

Für Ihr Kind

Es hat lange gedauert, bis verlässliche wissenschaftliche Erkenntnisse darüber vorlagen, wie Väter auf die Entwicklung ihrer Kinder einwirken. Ein Hindernis hatte Sigmund Freud errichtet, in dessen einflussreicher

Theorie zu Elternschaft und frühkindlicher Entwicklung die Mütter der entscheidende Faktor sind. Eine weitere Barriere baute der englischen Arzt John Bowlby auf. Der Urheber der Bindungstheorie behauptete, dass Kinder im Allgemeinen und besonders in der kritischen Baby- und Kleinkindphase auf Mutterliebe angewiesen sind. »Muss ein kleines Kind die mütterliche Fürsorge über lange Zeit entbehren, so kann das ernste und weitreichende Folgen für seinen Charakter und damit für sein ganzes späteres Leben haben.« Diesen Gedanken verpackte Bowlby in Empfehlungen an die Weltgesundheitsorganisation (WHO) und andere Stellen. Erst später erkannte er, dass auch andere Bezugspersonen eine Rolle spielen können, die herausragende Bedeutung der Mutter aber wurde von ihm nie näher differenziert. Väter sind bei Bowlby allenfalls Statisten – und nicht nur bei ihm. In Untersuchungen zur Bedeutung der »Eltern« für das Kind wurde die Vaterrolle jahrzehntelang vernachlässigt. Die Titel dieser Studien sprechen immer wieder von der Wichtigkeit oder den Auffassungen der »Eltern«, sieht man sich die angewandten Untersuchungsmethoden jedoch genauer an, stellt sich heraus, dass die Daten ausschließlich bei Müttern erhoben wurden. Der Gedanke, die Mitwirkung des Vaters habe, von seinem finanziellen Beitrag abgesehen, keinen Einfluss auf das Kind, wurde auf diese Weise wissenschaftlich untermauert. Doch langsam, aber sicher wenden sich die Wissenschaftler von ihren gefeierten Vorgängern ab. So sorgte Bill Clinton 1995 dafür, dass bei Forschungs- und politischen Initiativen im Bereich aller mit Erziehung und Elternschaft zusammenhängenden Angelegenheiten die Väter denselben Stellenwert erhielten wie die Mütter. Fünf Jahre später wurden bei der in den USA tonangebenden Erhebung *National Survey of Family Growth* erstmals auch Männer befragt. In den Niederlanden macht sich der Pädagoge Louis Tavecchio, emeritierter Professor der Universität Amsterdam, Gedanken über die Vernachlässigung der Väter in wissenschaftlichen Studien. 2002 forderte er bei einem Vortrag seine Zuhörer auf, »keine Anfragen zur Erziehungsforschung« zu beantworten, »in denen Väter ohne nähere Begründung unberücksichtigt bleiben oder, noch schlimmer, in denen von ›Eltern‹ die Rede ist, obwohl ausschließlich Mütter einbezogen werden. Schicken Sie solche Anfragen postwendend zurück.« Tavecchio erregte sich öffentlich darüber, dass »viel von unserem (…) Wissen über Erziehung auf Mutterpsychologie und Mutterpädagogik basiert«, und er verurteilte diverse umfangreiche Langzeituntersuchungen zu Erziehung und Kinderbetreuung, in denen Väter allenfalls als Babysitter vorkommen. Der Professor bezeichnete das als einen »kostspieligen systematischen Fehler«, vor allem vor dem Hintergrund neuerer Forschungsergebnisse, die zeigen, dass sich die Erziehungsauffassungen von Vätern und Müttern deutlich unterscheiden und dass sich die Entwicklung der Kinder anhand von Daten, die bei den Vätern erhoben wurden, besser prognostizieren lässt.

Seit einigen Jahren werden ernst zu nehmende Studien zur Bedeutung des Vaters für das heranwachsende Kind durchgeführt. Sie berücksichtigen die Entwicklung sowohl von Kindern, die ohne Vater aufwachsen, als auch von Kindern mit Vater. Folgende Erkenntnisse kristallisierten sich dabei heraus:

Kinder, die ohne Vater aufwachsen,

- laufen eher Gefahr, in der Schule zu versagen oder die Schule vorzeitig abzubrechen
- entwickeln häufiger Verhaltensstörungen
- haben mehr Probleme mit Alkohol und Drogen
- neigen eher zu überkompensierendem männlichem Verhalten (Söhne) und einem übersteigerten Drang, sich zu beweisen, zum Beispiel durch Eigentumsdelikte oder Gewalt.

Kinder engagierter Väter

(Väter, die 40 Prozent der Fürsorge für die Familie übernehmen)

- verfügen über eine bessere Motorik
- haben weniger traditionelle Rollenvorstellungen
- ergreifen mehr Initiativen, sind selbstsicherer, mitfühlender und psychisch stabiler
- tun sich in der Pubertät leichter.

Diese Unterschiede erklären sich unter anderem durch den verschiedenartigen Umgang der Väter mit ihren Kindern und durch das »Rollenmodell«, das der Vater bietet.

Für Ihre Partnerin

Frauen arbeiten – in bezahlten Stunden gerechnet – weniger als Männer, und doch arbeiten sie durchweg mehr. 1990 arbeiteten 39 Prozent aller Frauen zwischen 15 und 64 Jahren zwölf Stunden oder mehr pro Woche. 2001 war dieser Anteil auf 53 Prozent, 2009 auf 59 Prozent gestiegen, wozu vor allem die 25- bis 34-Jährigen beitragen, von denen drei Viertel berufstätig sind. Ferner gilt: Je höher der Bildungsstand, desto mehr Frauen arbeiten. Frauen mit Hochschulausbildung arbeiten zu fast 80 Prozent (Männer: knapp 90 Prozent), von den Frauen ohne weiterführende Schulbildung haben nur 50 Prozent einen Job mit zwölf oder mehr Wochenstunden (Männer: 70 Prozent). Der Anteil der Frauen auf dem Arbeitsmarkt wird zwar teilweise kompensiert durch die zunehmende Tätigkeit von Männern im Haushalt, aber vor allem junge Väter arbeiten härter denn je.

Also: Die Kosten schießen in die Höhe, Ihre Frau arbeitet weniger, mit Ihrer Karriere geht es gerade vorwärts … Dennoch empfiehlt es sich, Ihre häuslichen Aufgaben nicht zu vernachlässigen, vor allem dann nicht, wenn Sie an Ihrer Frau den weit verbreiteten Drang bemerken, die perfekte Mutter zu sein. Immer mehr Frauen sind der Dreifachbelastung als Mutter, Hausfrau und Berufstätige auf Dauer nicht gewachsen – einer der Gründe dafür, dass Frauen, obwohl sie beruflich weit weniger arbeiten als Männer, immer häufiger und in immer jüngeren Jahren arbeitsunfähig werden. Über 35 Prozent von ihnen werden aufgrund psychischer Beschwerden wie etwa Burn-out für berufsunfähig erklärt. Mit einem Wort: Zwingen Sie Ihre Frau, wenn nötig, Aufgaben an Sie zu delegieren. Gut für sie, gut für die Beziehung.

Für Sie

Auf die Frage, was am meisten Lebensqualität verschafft, werden persönliche Beziehungen (Gefühle in Bezug auf Kinder, Ehepartner, Ehe) noch vor dem sogenannten Geld-Index genannt, also Gefühlen in Bezug auf Einkommen, Lebensstandard und Vermögen. Ab einem bestimmten Level trägt ein höheres Einkommen nicht mehr zum Glückserleben bei. Und ab einem bestimmten Alter haben Sie das Glückstief der Kleinkinderphase längst hinter sich. In den USA wurden mehrere Langzeitstudien zu den langfristigen Auswirkungen der

Vaterschaft auf Männer durchgeführt. Die Wissenschaftler begleiteten die Entwicklung von Männern über deren ganzes Leben hinweg und untersuchten zum Teil auch noch die nachfolgende Generation. Diese Studien führten zu folgenden Ergebnissen:

- Vaterschaft erhöht das Selbstverständnis eines Mannes und seine Bereitschaft, Verständnis für andere zu zeigen.
- Männer, die ihr Vatersein positiv erleben, übernehmen häufiger (unbezahlte) Führungspositionen in ihrer Gemeinschaft oder im Beruf.
- Vaterschaft verstärkt die Bereitschaft, Gefühle zu äußern.
- Je stärker sich ein Vater an der Erziehung seines Kindes beteiligt, desto größer ist die Chance, dass er in höherem Alter glücklich verheiratet ist.

Entscheidende Fähigkeiten

Was macht ein Leben letztlich lebenswert? Viele Antworten auf diese Frage drehen sich um zwei Fähigkeiten, die als entscheidend dafür betrachtet werden, ob man später zufrieden auf sein Leben zurückblicken kann oder nicht: die Fähigkeit, intime Beziehungen einzugehen, und die Fähigkeit zur Generativität. Dieser Begriff bezeichnet alle Aktivitäten, die zur Entwicklung der nächsten Generation beitragen. Man kann diese Fähigkeit auf vielerlei Weise entwickeln: durch das Erwerben und Weitergeben von Wissen und Erfahrung, durch das Konzipieren und Erschaffen von Kunst, durch Zeugen und Großziehen von Kindern ... Vaterschaft ist zwar kein notwendiger Schritt in Richtung Generativität, aber sie ist eine Möglichkeit, eine Chance, eine Herausforderung, die, wenn Sie sie annehmen, Ihr Leben tiefgreifend beeinflussen kann. Vaterschaft ist das Abenteuer Ihres Lebens.

Stichwortverzeichnis

Verwendete Literatur

Allison, C.: *Disposable diapers, potential health hazards?*, in: *Sacramento Parent Magazine*, 3/2000

Anderson, R.C.: *Acute Respiratory Effects of Diaper Emissions*, in: *Archives of Environmental Health*, 54, Oktober 1999

Badinter, E.: De mythe van de moederliefde. Geschiedenis van een gevoel, Utrecht 1983

Baker, R., Oram, E.: Baby Wars, London 1998

Benthem van-Jutting, W.: Onderzoek naar het vaderschap. Het vaderschap als ethisch en godsdienstig vraagstuk, Arnhem 1959

Blum, D.: Love at Goon Park: Harry Harlow and the Science of Affection, Cambridge 2002

Borgenicht L. und J.: The Baby Owner's Manual, Philadelphia 2003

Boswell, J.: The Kindness of Strangers: The abandonment of children in Western Europe from late antiquity to the renaissance, Chicago 1998

Bowlby, J.: *The nature of a child's tie to his mother*, in: *International Journal of Psychoanalysis*, 1958

Burgess, A.: Fatherhood Reclaimed – The Making of the Modern Father, London 1997

Breeuwsma, G.: De constructie van de levensloop, Amsterdam/Meppel 1994

Carlson, S. E., Werkman, S. H., Peeples, J. M., Wilson, W. M.: *Long-chain fatty acids and early visual and cognitive development of preterm infants*, in: *European Journal of Clinical Nutrition*, 1994

Clare, A.: On Men, London 1998

Cunningham, H.: Children and Childhood in Western Society since 1500, London 1995

De Villiers und De Villiers, Language acquisition, Cambridge 1978

Dietz, W. H.: *Breastfeeding may help prevent childhood overweight*, in: *Journal of the American Medical Association*, 2001

Douglas, S., Michaels M.: The Mommy Myth: The Idealization of Motherhood and How It Has Undermined Women, New York 2004

Farrisi, T.: Diaper Changes, überarb. Ausgabe, Pennsylvania 1999

Fieldeldij Dop, J. en P.: Dat leuke eerste jaar, Amsterdam 1994

Freud, S.: Drei Abhandlungen zur Sexualtheorie, Leipzig/Wien 1905

Furedi, F.: Paranoid Parenting: Why Ignoring the Experts May Be Best for Your Child, Chicago 2002

Gerritsen, W. J.: PCB's en dioxinen hebben negatieve effecten, Den Haag 1999

Gerstein, H. C.: *Cow's milk exposure and type I diabetes mellitus*, in: *Diabetes Care*, 1994

Gezondheidsraad: Voedingsnormen; energie, eiwitten, vetten en verteerbare koolhydraten, Den Haag 2001

Gezondheidsraad: Voedingsnormen; calcium, vitamine D, thiamine, riboflavine, niacine, pantotheenzuur en biotine, Den Haag 2000

Hamosh, M., et al.: *Breastfeeding and the working mother: effect of time and temperature of short term storage on proteolysis, lipolysis and bacterial growth in milk*, in: *Pediatrics*, 1996

Hanson, S. M. H., Bozett, F. W.: Dimensions of Fatherhood, Thousand Oaks 1985

Harmsen, H. J. M., Wildeboer-Veloo, A. C. M., Raangs, G. C., Wagendorp, A. A., Klijn, N., Bindels, J. G., Welling, G. W.: *Analysis of intestinal flora development in breast-fed and formula-fed*

infants by using molecular identification and detection methods, in: *Journal of Pediatric Gastroenterology and Nutrition,* 2000
Heath, D. H.: *What meaning and effects does fatherhood have for the maturing of professional men?,* in: *Merrill-Palmer Quarterly,* 1978
Heath, D. H. und H. E.: Fullfilling Lives: Paths to Maturity and Success, San Francisco 1991
Hewlett, B.: Intimate Fathers: the nature and content of Aka Pygmy paternal infant care, Ann Arbor 1991
Huizinga, J.: Homo Ludens, a study of the play element in culture, London 1970
IGZ/Voedingscentrum: Voeding van zuigelingen en peuters. Uitgangspunten voor de voedingadvisering voor kinderen van 0-4 jaar, Den Haag 1999
Itz, C.: *Mannen in beeld – hoe de overheid zorg aan de man kan brengen,* Doktorarbeit, Universität Amsterdam, 2002
Jones, S., Martin, R., Pilbeam, D., Bunney, S.: The Cambridge Encyclopedia of Human Evolution, Cambridge 1992
Kalmijn, M., De Graaf, P.M.: *Gescheiden vaders en hun kinderen: een empirische analyse van voogdij en bezoekfrequentie,* in: *Bevolking en Gezin,* 2000
Karjalainen, J., Martin, J. M., Knip, M., Ilonen, J., Robinson, B. H., Savilahti, E., et al.: *A bovine albumin peptide as a possible trigger of insulin-dependent diabetes mellitus,* in: *New England Journal of Medicine,* 1992
Knijn, T.: *Hij wil wel maar hij kan niet. Over zorgend vaderschap en mannelijke gender-identiteit,* in: *Psychologie & Maatschappij,* 1990
Kostraba, J. N., Cruickshanks, K. J., Lawler-Heavner, J., Jobim, L. F., Rewers, M. J., Gay, E. C., et al.: *Early exposure to cow's milk and solid foods in infancy, genetic predisposition, and risk of IDDM,* in: *Diabetes,* 1993
Kuntz, C., Lonnerdal, B.: *Re-evaluation of the whey protein/casein ratio of human milk,* in: *Acta paediatrica Scandinavica,* 1992
Kunz, C., Rodriguez-Palmero, M., Koletzko, B., Jensen, R.: *Nutritional and biochemical properties of human milk, part I: General aspects, proteins, and carbohydrates,* in: *Clinics in perinatology,* 1990
Landbank Consultancy: A review of Procter & Gamble's environmental balances for disposable and re-usable nappies, London 1991
Lanting, C. I.: *Effects of perinatal PCB and dioxin exposure and early feeding mode on child development,* Habilitation, Rijksuniversität, Groningen 1999
Leach, P.: Your baby & child, London 1997
Lehrburger, C.: *The disposable diaper myth, out of sight, out of mind,* in: *Whole Earth Review,* 1988
Levine, J. A., Pittinsky, T. L.: Working Fathers, New Strategies for Balancing Work and Family, New York 1997
Lust, K. D., Brown, J. E., Thomas, W.: *Maternal intake of cruciferous vegetables and other foods and colic symptoms in exclusively breast-fed infants,* in: *Journal of the American Dietetic Association,* 1996
Malinowski, B.: The Father in Primitive Psychology, London 2001
McConnell, J.: *Joy of cloth diapering,* in: *Mothering* 1988
McLanahan, S., Sandefur, G.: Growing up with a single parent: What hurts, what helps, Cambridge 1994
Meyerhoff, M. K.: *Of Baseball and Babies: Are You Unconsciously Discouraging Father Involvement in Infant Care?,* in: *Young Children,* 5/1994

Morris D.: Baby's, Houten 1991
Ninio, A., Rinott, N.: *Fathers' involvement in the care of their infants and their attribution of cognitive competence to infants,* in: *Child Development,* 1988
Peiling melkvoeding van zuigelingen 2001/2002 en het effect van certificering op de borstvoedingscijfers, TNO Preventie en Gezondheid. Dezember 2002
Pardou, A., et al.: *Human milk banking: influence of storage processes and the bacterial contamination of some milk constituents,* in: *Biology of the neonate,* 1994
Patandin S.: *Effects of environmental exposure to polychlorinated biphenyls and dioxins on growth and development in young children,* Habilitation, Erasmus Universität, Rotterdam 1999
Pessers, D.: *Vaders doen er niet toe, kinderen zijn de dupe: de macht van de moeder is grenzeloos,* in: *NRC Handelsblad* v. 20. 12. 2003
Piaget, J., Piers, M. W.: Play and Development: A Symposium, New York 1972
Pollock, L. A.: A lasting relationship. Parents and children over three centuries, London 1987
Portegrijs W., Boelens A., Keuzenkamp S.: Emancipatiemonitor 2002, SCP und CBS, Den Haag 2002
Primomo, J., et al.: *The high environmental cost of disposable diapers,* in: *American Journal of Maternal/Child Nursing,* 1990
Remery, C., Schippers, J.: *Arbeid-zorgarrangementen in organisaties: een analyse van werkgeversgedrag,* in: *Bevolking en Gezin,* 2002
Roedholm, M.: *Effect of father-infant postpartum contact in their interaction 3 months after birth,* in: *Early Human Development,* 1981
Romain, N., Dandrifosse, G., Jeusette, F., Forget, P.: *Polyamine concentration in rat milk and infant formula,* in: *Pediatric Research,* 1992
Sagasser, J., Schiet, M.: Omgaan met je kind, Baarn 2000
Shapiro, A., Lambert, J. D.: *Longitudinal effects of the divorce on the quality of the father-child relationship and on father's psychological well-being,* in: *Journal of Marriage and the Family,* 1999
Sheehy, G.: Understanding Men's Passage's. Discovering the new map of men's lives, New York 1998
Tavecchio, L.: Van Opvang naar Opvoeding. De emancipatie van een uniek opvoedingsmilieu, Amsterdam 2002
Twenge, J. M., Campbell, W. K., Foster, C. A.: *Parenthood and marital satisfaction: A meta-analytic review,* in: *Journal of Marriage and the Family,* 2003
Tormo, R., Potau, N., Infante, D.: *Protein in infant formula; future aspects of development,* in: *Early Human Development,* 1998
Veenhoven, R.: *Zijn kinderen goed voor het huwelijk?,* in: Veenhoven, R., Van der Wolk, E. (Hg.): *Kiezen voor kinderen,* Amsterdam 1977
WHO Working group on the growth reference protocol and the WHO Task Force on methods for the natural regulation of fertility: *Growth of healthy infants and the timing, type and frequency of complementary foods,* in: *American journal of clinical nutrition,* 2002
Working Group on Cow's Milk Protein and Diabetes Mellitus of the American Academy of Pediatrics: *Infant feeding practices and their possible relationship to the etiology of diabetes mellitus,* in: *Pediatrics,* 1994
Zander, J.: *Zorgende vader bestaat niet in officiële teksten,* in: *Trouw* v. 6. 4. 2000

Mehr Babymanagement?

Bitte besuchen Sie uns unter:

www.babymanagement.com